Y² 1327 Réserve.
2

grand-papier.

2841

L'Imprimeur étant contrefait, il a jugé à propos de se faire graver, afin que son Livre ne soit pas de lui, quand il n'y sera pas.

Mr. ou Me. OUDOT.
VERS.

Voy dans les traits que tu contemples,
Un Imprimeur loyal & sans ambition,
A tes pareils, O u d o t, tu serviras d'exemples,
Un Imprimeur doit faire impression.

LES ETRENNES DE LA St JEAN.

SECONDE EDITION,

Revûë, corrigée & augmentée par les Auteurs de plusieurs Morceaux d'esprit.

Cùm flueret lutulentus, erat quod tollere velles.
Hor. Satyr. Lib. I.

A TROYES,
Chez la Veuve OUDOT.

M. DCC. XLII.

L'Attention que je me donne pour satisfaire le gré du Public, ne m'empêche point de penser à mes petits intérêts ; c'est la raison pourquoi, pour satisfaire à la curiosité d'aucuns parmi les Curieux, on a tiré queuques Exemplaires sur de grand & gros papier ; ça me coûte fort peu, & ça se vend un tiers de plus, comme c'est la maniere.

PREFACE.

PREFACE

Pour servir d'Avant-propos à la présente seconde Edition.

Comme il n'y a rien de si avantageux pour le Public que d'avoir un Enfant bien élevé, on a crû que vous en verriez avec plaisir la maniere : car c'est là le plus difficile. Il faut trouver non-seulement un quelqu'un qui s'en donne la peine, mais il faut encore sçavoir comment s'y prendre. Il faut de la méthode, & que tout vienne l'un après l'autre, dont je puis dire que c'est ce qui m'a convié à

a don-

PREFACE.

donner la seconde Edition de ces Etrennes, avec pas moins, ou même davantage d'utilité que la premiere, rapport que j'y ai raßemblé un grand nombre de Pieces capables de faire l'éducation des personnes de l'un & l'autre sexe, & particulierement des Demoiselles qui ne sont encore qu'une jeuneße, afin de briller dans les Compagnies ; car il est bien agréable d'être renommée dans tout le Quartier pour sa belle conversation, d'autant qu'on remarque que les personnes qui en fréquentant les bons Livres ont gardé de la lecture, s'énoncent librement sans avoir

PREFACE.

avoir la peine de penser sur ce qu'ils disent, d'où l'on reconnoît qu'ils ont de l'esprit comme un charme; ce qui leur fait trouver d'aucunes fois un mariage, ou tel autre applaudissement du Public.

*C'est dans cette vûë que je donne d'abord ici pour augmentation l'entrée de Mademoiselle Bréchet à l'Opera, écrite par elle-même. Je donne encore trois feuilles d'Eloquence; l'une, l'*Histoire véritable d'un Gentilhomme qui donna à souper à deux Dames qu'il vouloit épouser; *l'autre,* la Bataille de Chien; *& la troisiéme,* la Cruauté

PREFACE.

inoüie ; *D'où qu'on peut tirer des morales en maniere de Réflexions ou Pensées de la Rochefoucaud, ce qui revient au même ; & comme ce n'est pas le tout que le raisonnement du bon sens (je veux dire la prudence humaine) & que, comme dit l'autre, il faut aussi dans la vie du monde, songer à montrer tous ses* moyens de plaire *, je fournis ensuite une Chanson sur la maniere de se comporter agréablement dans une Collation avec une Demoiselle que l'on considere. Et puis une autre Chanson qui demande, il est vrai, plus de méthode,*
mais

PREFACE.

mais aussi qui vous fait communément rechercher à tous les repas de famille, & autres divertissemens & cérémonies, par quoi l'on est considéré d'un chacun, de maniere qu'on ne parle jamais à votre occasion que pour rire, ce qui fait toujours honneur, cette chanson étant intitulée, la Queuë de Mouton.

Sans préjudice à une troisiéme Chanson, dont les personnes d'esprit qui ont appris à s'y connoître, m'en feront, j'ose dire, des complimens de la posseder dans mes Etrennes.

Il y avoit encore d'aucuns Ouvrages nouveaux, ou à peu près,

PREFACE.

près, que j'aurois dû véritablement marier avec ceux-ci; comme qui diroit d'abord le Patissier Anglois, *quoiqu'il m'ait fait l'honneur que d'être sérieusement goguenard à l'endroit de mon Recueil, l'ayant critiqué pour le périr dans l'esprit du beau monde. Et puis l'*Avis au Public, & une Chanson ou Harangue sur la Comete. *D'autant que ces Auteurs ont dans leurs Livres pratiqué ma maniere, dont je conviens en l'avoüant, qui est de ne rien dire de mon chef, prenant dans les pensées des autres toutes les nouveautés qui me viennent en tête ;*

PREFACE.

tête : mais voici ce qui m'a détourné de mettre ces Recueils-là dans mes Etrennes. On m'a dit qu'à l'endroit de la Comete, il est beaucoup parlé de Queuë : or comme j'avois déja ma Queuë de Mouton, cela auroit fait bien des Queuës pour un seul Volume. Voyant donc qu'il falloit opter, bien des gens qui ont, à dire vrai, un grand esprit, quoiqu'ils ne s'en soient jamais vanté dans les Compagnies, ont préferé la Queuë de Mouton, disant que ces autres Ouvrages qu'on donne pour une joyeuseté philosophique, ne sont ni l'une ni l'autre.

PREFACE.

tre. A l'égard de ce mien Recueil, j'espere de la civilité du Public, qu'il me fera le plaisir de l'acheter, parce qu'à dire vrai, j'aime mieux le vendre que de le donner, & ce n'est pas seulement rapport à l'interêt de mon profit, mais c'est que quand un Livre se vend, cela prouve qu'on l'achete, au lieu que quand il se donne, cela ne dit pas qu'il auroit été vendu.

LES ETRENNES
DE LA Sᵗ JEAN.

POUR répondre aux bontés avec lesquelles le Public répond aux soins que je me donne, je lui présente cet Ouvrage, qui renferme presque tous les Morceaux connus dans la Littérature. Si celui-ci prend bien, je donnerai incessamment un second Ouvrage où l'on trouvera ceux qui ne sont point dans ce présent Volume : comme des Observations du Pour & du Contre, quelques Glaneurs, & autres Morceaux à la mode.

L'EDITEUR AU PUBLIC.

QUAND l'on examine la vie du Monde, l'on trouve toujours que le Sage a eu grande raison de dire qu'il falloit travailler: en effet, qu'est-ce qu'un homme qui ne fait œuvre de ses dix doigts? C'est un faineant que personne ne regarde, à moins que ce ne soit pour en battre la Moutarde & se mocquer de lui, ou plutôt pour le regarder avec mépris.

pris. Nul, que je fçache, ou du moins fort peu de gens n'aiment à être regardés de la maniere, & ne foutiennent point la fainéantife, quand bien même ils auroient dequoi mettre fous la dent. Je fçai très-bien que notre bonne mere la Nature eft marâtre pour d'aucuns, & que tous fes Enfans ne peuvent pas avoir le même talent ; mais comme dans une famille qui feroit de douze enfans groüillans, il n'y en a point qui meure

meure de faim, & qui pour sa réfection n'ait du moins du pain & de l'eau, il en est assurément de même dans la vie de ce Monde ; comme par exemple, il arrive en ce présent petit Recüeil que je vous présente, ami Lecteur ; car n'étant pas assez fort pour imaginer, ni vous donner des choses de mon crû ; ce qui, Dieu aidant, ne manquera pas de me succéder avec la peine & la fatigue que je me donne : en attendant, je rassemble

avec

avec soin des Morceaux qui seroient perdus sans les soins que je me donne ; & lorsque j'en ai une quantité suffisante, je m'en accommode avec un honnête Libraire ; ainsi vivant avec loyauté, quoique petitement, je conserve à la Postérité des choses, qui sans moi ne seroient jamais plus rencontrées, & qui méritent cependant quelque considération; car si l'on a rassemblé ce qui regarde la Politesse, ce qui concerne l'écriture des Let-

Lettres, la façon de faire des Complimens, & mille autres choses fort utiles pour se bien gouverner, l'on doit aussi conserver ce qui a servi pour des Bouquets & pour des Plaisirs innocens & gracieux, qui se trouvent mêlés dans les devoirs de la vie du monde ; on en a besoin très-souvent jusqu'à la plus grande vieillesse ; car c'est fort bien fait d'être toujours Galant. Voici donc tout le fruit de mes dernieres Recherches, com-
posé

posé de choses qui n'ont point encore paru sous la Presse, & je vous en fais présent, Ami Lecteur, pour en tirer votre profit en tems & lieu, & suivant l'occasion. Adieu.

Monsieur P.... toujours magnifique, & sçachant profiter de toutes les occasions qui se présentent pour régaler ses Amis, en rassembla chez lui un grand nombre le jour de la Saint Martin. La Compagnie se rendit de bonne heure au rendez-vous, & Monsieur P.... qui sçait parfaitement bien son monde, avoit rassemblé beaucoup de Tables pour les faire quadriller. Il fit ensuite servir un Repas dont le détail

pourra

pourra servir d'instruction à ceux qui se trouveront avoir la même générosité. Il donna d'abord une grande fricassée de Poulets, avec une belle tourte de Pigeonneaux ; un Cochon de lait, & le Dindon consacré à ce jour étoit accompagné d'une grande Salade. Pour Entremets (car Monsieur P.... n'oublia rien) on servit chacun sa moitié de pied à la Sainte-Menehoult, avec des Œufs dans le jus du Gigot. Le tout fut remplacé par des

des fruits d'Hyver de son beau Jardin de la Courtille, & du Fromage. Le Vin à quinze y fut abondamment servi ; & tout le monde, après avoir été traité à bouche que veux-tu, s'en alla pénétré des manieres honnêtes de Monsieur P.... C'est ainsi qu'il faut toujours régaler ses Amis & ses connoissances.

Pour

POUR entretenir les bons usages établis dans le beau Monde, pour se récréer, plusieurs Demoiselles qui logeoient autour de la Gréve, & dont la Promenade étoit sur le Port aux Bleds, ayant trouvé que le jeune F.... s'en faisoit trop accroire pour un Clerc ; en un mot, qu'il faisoit le fendant, résolurent pour le punir de lui faire tenir ce Billet par un Laquais du Public, ordinairement dit un Savoyard.

„ Le

„ Le Quartier eſt trop
„ médiſant pour que je puiſ-
„ ſe vous y parler ; trouvez-
„ vous, beau F.... demain
„ à dix heures du matin,
„ dans un Fiacre, auprès
„ du Cerceau d'or, dans la
„ ruë de Vaugirard ; je m'y
„ rendrai, & j'ai lieu de
„ croire que vous ne ſerez
„ pas fâché de m'y ren-
„ contrer.

F.... ne manqua pas de ſe trouver au Rendez-vous une heure plutôt qu'on ne lui avoit mandé ; & ſur les deux

deux heures après midi, n'ayant encore vû perſonne, il ſe reſſouvint qu'il étoit le premier jour d'Avril ; il en fut pour ſon Fiacre, & revint tout honteux chez lui ſans oſer convenir qu'il n'avoit pas dîné, de peur d'attirer la riſée ; mais les plaiſanteries du Quartier furent ſi fortes, que ne les pouvant ſoutenir, il prit parti avec un Capitaine. Cet exemple nous apprend qu'il ne faut jamais avoir de la fierté mal placée.

UN jeune Praticien sentoit depuis long-tems l'aiguillon de l'Amour pour Mademoiselle Rosette, fille d'un Procureur, chez lequel il alloit apprendre l'Art lucratif de la Chicane; il soupiroit par respect, sans oser lui avoüer son amour. Il avoit souvent jetté des œillades, serré le bout des doigts, marché sur le pied, mais inutilement; la merveilleuse Rosette tournoit la tête, retiroit ses doigts brusquement & répondoit

par

par un coup de pied, & ne vouloit rien entendre. Enfin, notre Amoureux n'y pouvant plus tenir, résolut de se déclarer, & imagina pour cet effet le tour que vous allez voir. Il prend un papier de la forme du papier timbré, y trace au haut un Cartouche semblable au vrai timbre, & y dessine dans le milieu trois Roses, avec ces mots à l'entour : *Petit papier, deux baisers la feüille* ; puis imitant l'écriture de Sergent, il écrivit au-des-

dessous ce qui s'ensuit.

» L'an de fidélité mil sept
» cent trente-sept, le septié-
» me du mois des Amours,
» à la requête de Jérémie
» Tircis, tendre & respec-
» tueux Amant, lequel a
» élû son domicile ruë de la
» Fidélité, à l'Hôtel de l'Es-
» pérance: J'ai Eustache Cli-
» tandre, Huissier à Verge
» immatriculé en la Cour
» Souveraine de Cupidon,
» demeurant ruë des Bon-
» nes-Nouvelles, près la
» grande Pinte ; soussigné,

B   donné

» donné Assignation à Da-
» moiselle Agnès Rosette,
» fille mineure, demeurante
» chez Mᵉ Boniface Clopin
» son pere, Procureur, ruë
» des Mauvaises Paroles, en
» parlant à son petit frere,
» qui n'a voulu dire son
» nom, de ce interpellé sui-
» vant l'Ordonnance, à
» comparoir d'hui à huitai-
» ne pardevant le susdit
» Monseigneur Cupidon,
» pour voir déclarer bonne
» & valable la passion dudit
» Jérémie Tircis pour la-
» dite

» dite charmante Rosette,
» & se voir condamner à
» l'écouter favorablement;
» & en cas de refus, à y
» être contrainte par toutes
» voies dûës & raisonna-
» bles, même par corps;
» lui déclarant qu'en cas
» de Procédure, M⁰ le
» Liévre occupera pour le-
» dit Tircis, & lui ai laissé
» copie des Présentes, à ce
» qu'elle n'en ignore.

CLITANDRE.

Contrôlé à Cithere l'an & jour que dessus, BONTEMS.

On prétend que ce petit Ouvrage réuſſit pleinement; car Roſette qui viſoit à l'eſprit, porta cette Piéce à ſa Mere, qui en fut charmée, ainſi que toutes ſes voiſines. Tircis fut bien reçu, on lui fit fête ; tout le monde le voulut voir, lui & ſon Aſſignation, & on l'a regardé long-tems dans le Marais comme un chef-d'œuvre digne de la Carte du Tendre. C'eſt ſur une de ces Copies fidelles que l'on a tiré celle-ci, pour vous en faire part, Ami

Ami Lecteur, espérant que vous en ferez le cas qu'elle mérite, & que vous lui rendrez justice.

LETTRE Persanne d'un Monsieur de Paris, à un Gentilhomme Turc de ses Amis.

MOnsieur & très-cher, par l'honneur de la vôtre, j'ai appris ce que vous me faites la civilité de me mander, dont j'ai l'honneur de vous remercier;

car

car il est toujours gracieux d'être instruit de Nouvelles pour un quelqu'un qui va souvent en Compagnie. Votre nouveau Visir me paroît un fort joli homme, & il ne l'entend pas trop mal : je m'étois bien douté (car je sçai un peu l'allure) que les femmes l'avoient porté, car c'est tout de même chez nous ; elles poussent leurs Amis tant qu'elles peuvent, & finalement il n'y a rien de meilleur que d'être favorisé du du beau Sexe: je prens la liberté de dire cela, en passant, à vous qui êtes un Seigneur des plus accomplis, & qui ne tombe pas dans beaucoup d'inconvéniens fort communs chez vous comme ailleurs, & partout: Par exemple, nous sommes ici en Carême, c'est comme qui diroit *Parmasan* chez vous, cela a fait un cas dont voici l'occasion.

Une jeune Personne de bonne Maison, dont le Mari étoit Maître d'Hôtel chez

un

un Soufermier, avoit depuis quelque tems conçu la plus violente paſſion pour le fils d'un Chaircuitier, c'eſt à peu près comme qui diroit chez vous un Marchand de Cochon ; le jeune homme avoit accoutumé quelquefois ſouvent de porter (en allant donner ſon Mémoire pour compte) un Cervelas pardeſſus le marché, qu'il portoit ſous ſon tablier, & qu'il donnoit en cachette à la Femme, qui étoit fort ſenſible à ces petites attentions.

tions. Il y a huit jours que le Mari rentrant chez lui plus matin qu'à l'ordinaire, monte à sa chambre ; ce qu'ayant entendu le Chair-cuitier ensemble & l'Epouse, furent fort consternés, dont le Mari augurant quelque chose, demanda sur quoi c'étoit que le Monsieur étoit là-haut; lequel sans se déférer du tout, repartit : Monsieur, j'avois pris la liberté d'apporter à Mademoiselle une petite douceur pour son déjeûner, & tout de suite descendit l'escalier quatre à quatre. Mais la jeune Personne étant hors d'elle-même par son émotion secrette : qu'est-ce que cette petite douceur, dit-il ? Hélas ! dit-elle, c'est un Cervelas. Un Cervelas ! où est-il ? Il l'a remporté, ce dit-elle ; car je n'en ai fait que tâter. Un Cervelas, répondit-il, quand on n'est pas en charnage ? On m'en repousse. Vous me pardonnerez, mon Fils, répondit-elle alors gracieusement, on en fait pour

les

les personnes dégoûtées. Cette fausse monnoye fut prise par le Mari pour de l'argent comptant. Il faut conclure de-là que l'habileté des Femmes est partout d'une grande adresse.

L'autre fois que je me donnerai l'honneur de vous écrire en premier, j'aurai celui de vous faire réponse. Je vous envoye des Ecrits nouveaux, fort curieux & intéressans pour une personne de votre mérite, dont j'ai l'honneur de me me dire, en baisant la main, le. . . . . .

REPONSE pour le Gentilhomme Turc, à la Lettre Persanne de Paris.

Monsieur & cher Ami, quoique je ne sois pas connu de vous, n'étant point le Gentilhomme Turc à qui s'adresse l'honneur de la vôtre ; je ne laisserai pas que de vous tirer de l'embarras où vous auroit mis de n'avoir aucune Réponse, parce

parce qu'en Turquie les Gentilhommes Turcs ignorent souvent d'avoir appris à lire, ce qui fait, qu'avec votre permission, je vous participerai quelques pensées que j'ai faites en maniere de Remarques, sur l'ignorance indécrotable de votre Lettre.

Vous avez pris la bonté de me dire (car posez le cas que je suis le Gentilhomme Turc qui parle) vous nous glissez donc, sans faire semblant de rien, qu'il y a des Marchands de Cochons chez nous, dont il y a à cela beaucoup de malice ; car nous voyons bien que vous êtes un Critique qui déchire la réputation du beau Sexe par un Cervelas : vous m'entendez du reste. Or sçachez donc que ce n'est pas ici comme qui diroit à Londres ; car puisque vous êtes Persan & mauvaise langue à l'endroit du prochain, que ne dites-vous plutôt la vérité du fait ? c'est à sçavoir que dans

dans aucunes Villes qu'il y a, il y a si peu de Police, qu'on voit les jeunes Demoiselles dans les ruës qui s'amusent à joüer à la fossette avec de petits Libertins, malgré pere & mere, comme des Orphelins abandonnés, & qui à faute de ce qui en peut arriver delà, ne trouvent plus la façon de s'établir ; car pour nous affrioler, il faut faire les saintes Mitouches, & tout au rebours, elles vous ont l'air d'avaleuses de Pois gris :

gris : d'où qu'on a bien raiſon de dire que les Parens ſont de vrais Judas, quand ils ne mettent pas la paille & le bled pour donner une belle éducation à leurs enfans ; car il n'y a que cela qui tourne les Filles & qui pouſſe les Garçons.

UN des douloureux de la belle Marie, lui écrivit un jour de Vierge : Si je pouvois vous être les quatre premieres lettres de votre

votre nom, vous ne feriez jamais les cinq.

Ce Billet accompagnoit un Bouquet de Soucis & de Penfées, & fa conftance fut récompenfée.

Le Bouquet de Rofes.

Certaine Agnès, qui s'appelloit de même, belle, charmante & jeune, comme on doit l'être à cet âge*, aimoit, fans le fçavoir, le fils d'un Bourgeois

* Elle devoit avoir près de quinze ans à la Saint Jean prochaine.

de

de son voisinage. A la fin il arriva que le jour de sa Fête chacun lui apporta des Bouquets. Le gentil Voisin y vint aussi lui souhaiter une bonne Fête, mais il y vint les mains vuides, dont on lui fit la guerre agréablement; & Agnès même sans qu'il y parût, car elle étoit bien née, ne put s'empêcher dans l'ame de lui en sçavoir mauvais gré; c'étoit moins un présent qu'une marque d'estime qu'elle auroit voulu recevoir du Voisin.

fin. Lui sans se déconcerter, leur dit : Vous n'y connoissez rien, tous tant que vous êtes, car j'apporte à Mademoiselle..... en même tems, par surprise & sans dire gare, il fournit à Agnès deux baisers des mieux appliqués qu'il en fut jamais ; si bien qu'il colora tous les attraits de la Belle, qui s'écriant au fort de l'émotion : Hé bien ! que faites-vous donc ? Il lui répondit : J'embellis ce que j'aime. Agnès continua de s'animer

mer & de rougir: si sa rougeur vint de pudeur, il n'importe, il suffit que le Voisin content de son exploit, leur dit à tous : Voyez si je ne lui ai pas donné un Bouquet de Roses ?

DIA-

DIALOGUE
En forme de Questions,
SUR LE MARIAGE.

Demande.

Quelle est la premiere chose qu'il faut faire, avant de se marier, quand on a le dessein de faire un établissement?

Réponse.

Il faut trouver une Epouse qui ait tout ce que votre cœur peut souhaiter pour son contentement.

Demande.

Quelle est la partie la plus essentielle qui rend le Mari content ?

Réponse.

La tête de la Femme.

Demande.

Si vous trouvez Fille qui vous convienne, qu'y a-t'il à faire avant de l'épouser ?

Réponse.

Sçavoir premier si elle n'est pas la Femme d'autrui.

Demande.

Si vous avez volonté d'épouser

pouser quelqu'un, que faut-il faire de plus ?

Réponse.

Qu'elle le veüille bien aussi.

Demande.

Comment sçaurez-vous si elle est pucelle ?

Réponse.

En vous en informant, sans faire semblant de rien, dans le Quartier, à des personnes qui le sçachent bien.

Demande.

Comment faut-il faire pour

pour se rendre agréable aux Parens de la future?

Reponse.

Etre poli, honnête & généreux.

Demande.

Qu'entendez-vous par être poli & honnête?

Réponse.

D'avoir toujours de belles paroles en bouche; offrir souvent du Tabac à la Compagnie, si vous avez une Tabatiere d'écaille, d'argent, de corne, ou autre métal: & si la Demoiselle

selle en use, tirez votre râpe, & lui en râpez du frais sur le champ, elle sera sensible à cette attention de votre part.

Demande.

Que faut-il faire pour être généreux ?

Réponse.

Ne pas trop regarder à l'argent, mais y avoir l'œil; & allant à la Promenade, de payer quelquefois à la Compagnie du Croquet, petits Gâteaux, Pains de Mouton & autres friandises,

D sans

sans oublier les rafraîchisse-
mens.

Demande.

Quand vous aurez fait tout ce qu'il faudra à l'endroit des Peres & Meres, qu'y aura-t'il à faire encore ?

Réponse.

Leur demander bien poliment s'ils veulent vous bailler la Fille.

Demande.

S'ils disent que non ?

Réponse.

Ce sera peut-être pour vous en donner plus d'envie.

De-

Demande.

S'ils difent que oüi ?

Réponfe.

C'eſt peut-être que perſonne n'en veut.

Demande.

Comment ſçavoir tout cela ?

Réponfe.

On n'en peut être bien éclairci qu'après le lendemain de la Nôce.

Demande.

Pourquoi pas auparavant ?

Réponfe.

Parce qu'on ſe donne bien

garde de vous dire de quoi eſt la triomphe.

Demande.

Il faut donc bien prendre garde à ce qu'on fait ?

Réponſe.

Sans doute, & ſi l'on eſt ſouvent attrapé.

Demande.

Si on a été attrapé, que faut-il faire ?

Réponſe.

N'en rien dire & ſe taire.

Demande.

Si l'Epouſe a l'humeur acariâtre ?

Ré-

Réponse.
Battez-la comme plâtre.
Demande.
Si elle est plus forte que vous ?
Réponse.
Elle ne portera pas les coups.

Monsieur C.... si connu par les Galanteries qu'il a pour toute sa ruë, voyant arriver la Sainte Marguerite, & voulant témoigner à la belle Gogo sa voisine, pour laquelle il avoit

avoit le cœur égratigné, l'extrême confidération de fes fentimens, fit venir, la veille au foir fous fes fenêtres, une Orgue de Barbarie. Les plaifans du voifinage commencerent par faire des gorges chaudes d'une Mufique auffi commune, puifqu'on peut s'en régaler tous les foirs à bon compte; mais quel fut leur étonnement quand trois Violons & une Baffe, en un mot, une des meilleures bandes du Pont-aux-Choux fit entendre

tendre la descente de Mars, & plusieurs beaux Airs qui durerent pendant plus de deux heures !

On a bien raison de dire qu'il faut attendre jusqu'à *Amen*, sur-tout pour se mocquer.

Les Mémoires du Président Guillerin.

CE n'est pas parce que feuë Mlle Chaudron étoit mon Epouse ; mais je puis dire, sans me vanter, que

que depuis qu'on a un quelqu'un pour compagne de couche, on ne s'eſt jamais marié à une perſonne plus accomplie. Elle m'a donné bien du chagrin, il eſt vrai, mais je lui ai pardonné, parce que c'eſt qu'elle étoit comme cela; & que de même que les Mariages ſont écrits dans le Ciel, il y a auſſi (faut croire) des biſbilles qui ſont d'autant plus ordinaires dans les ménages, qu'elles arrivent tous les jours; c'eſt ce qui a fait dire

ire à un Auteur, qu'on ne
oit point mettre le doigt
ntre le marteau & l'enclu-
ne, pour insinuer qu'il ne
aut pas se marier. La pau-
re femme, sans cela, m'au-
oit aimé comme ses yeux;
& je puis dire à sa loüange,
que sans les poires d'angois-
es qu'elle m'a fait avaller,
e ne serois pas si heureux
ue je le suis.

J'étois fort du monde lors-
ue j'en fis la connoissance.
₁on défunt pere me dit un
our : Mon fils, vous serez

E Pré-

Président de ce Grenier à Sel, car on ne sçait qui vit ni qui meurt. Dites-moi, vous hantez la maison de Madame Chaudron, c'est une brave femme, je n'en disconviens pas; il n'est pas certain qu'elle ait jetté son défunt Mari dans le Puits, comme on l'a voulu dire: conclusion, quoiqu'il aille bien du monde chez elle, elle n'a pas le moyen. Vous rodez à l'entour de ses filles, & à votre âge je me plaisois en la compagnie du beau Sexe,

DE LA S. JEAN. 51

exe, d'autant plus que
esdemoiselles Chaudron
ont jolies comme un char-
ne, & qu'elles se compor-
ent de la maniere qui con-
ient à d'honnêtes filles qui
nt de la vertu ; mais ce
'est pas là dequoi est la
riomphe. Mon Pere, je
ous entens bien, lui ré-
ondis-je ; & là-dessus je
ne retirai dans mon Cabi-
et pour réfléchir en moi-
1ême, pensant à ce que
'avois à faire dans la cir-
onstance de l'occasion, &

E 2 voyant

voyant qu'il falloit prendre un parti, je mis ma perruque & je sortis.

J'arrive chez Madame Chaudron. Dès que je fus assis, comme je faisois des complimens : sur quel pied fréquentez-vous ceans depuis trois mois, me dit Madame Chaudron, en me montrant Mesdemoiselles ses trois filles? J'y viens pour un bon sujet, répondis-je, un peu étonné de la surprise que me fit cette demande, d'autant que je ne m'y atten-

attendois pas autrement. Hé bien, continua-t'elle, il faut donc que vous fianciez aujourd'hui celle qui vous agréera pour épouse ; d'autant que je ne suis point une mere (car mettez-vous à ma place) à laisser courir de faux bruits à l'endroit de mes filles , & je ne vous dis cela qu'autant que vous êtes honnête-homme, ou que vous ne l'êtes pas. Moi je sentis bien cet affront, & sans balancer un moment : Oüi, Madame,

lui

lui dis-je, je suis honnête-homme, & je n'en aurai jamais d'autre ; c'est Mademoiselle Chaudron la puînée que je vous demande : je lui ai déclaré, il est vrai, mon affection que je lui ai fait connoître ; je vais en faire de même à mon Pere. Je ne fus ni fou, ni étourdi ; j'allai toujours courant le trouver, & avec toute l'obéissance que le respect d'un fils a pour son Pere, je lui dis net que je venois de demander pour légitime épouse

épouse Mademoiselle Babiche Chaudron. Il me regarda quelque tems entre deux yeux. Vous l'épousez, mon fils, me dit-il, ne vous l'avois-je pas défendu, & je crois même qu'il n'y a qu'un quart-d'heure? Elle n'a pas de quoi, & vous sçavez de quoi est capable le qu'en dira-t'on, par les mauvais discours tenus au sujet de cette Demoiselle, en parlant d'elle; mais enfin je suis votre Pere, c'est à moi de me montrer le plus raisonsonnable; j'approuve ce Mariage, allons ensemble chez la Mere. Nous y allons. Ma Commere, dit-il à Madame Chaudron (car je me suis toujours souvenu des propres paroles) mon Fils n'est qu'une bête, & c'est à moi de lui marquer des entrailles de Pere; puisqu'il veut en faire la sottise, je ne vous en dédirai pas, dressons les Articles. Cela fut bientôt fait, & nous allâmes souper à notre Jardin, où ce qui arriva à Table fait bien

bien voir ce que c'est que la prédeſtination, quand l'Etoile s'en mêle. J'étois entre Mademoiſelle Babiche & Mademoiſelle Chaudron l'aînée ; & comme on parloit de Fiançailles, je ne dis pas ce que je penſe, continua l'aînée qui prit la parole ; mais ſi vous épouſez ma ſœur Babiche, je veux que ceci ſoit de la poiſon pour moi, (dit-elle agréablement en ſablant une raſade de vin roſai) ſi je ne ſigne le Contrat pour elle.

Et

Et là-dessus, mon Gendre, me dit Madame Chaudron, l'entendez-vous ? Elle est l'aînée de la famille, elle en épouseroit plutôt dix autres que de laisser passer, en cas de cela, sa sœur devant elle. Qu'est-ce qui vous fait préférer Babiche ? Est-ce parce que vous l'aimez ? Cela n'y fait pas d'un coup à sifflet ; vous n'aurez pas été un an l'époux de celle-ci, que vous m'en direz des nouvelles. Comme elle proferoit la parole, arrive,

rive, comme par exprès, quoique ce fût fortuitement par hazard, Monsieur Gandion le Notaire. Votre serviteur, dit-il; car c'étoit un croustilleux corps : Voilà des Articles tout dressés; mais comme dit cet autre, qui est-ce qui tiendra la queuë de la poële? Çà, laquelle est-ce qui se marie?

Mon Pere, qui pendant tout ce tems-là ne faisoit semblant de rien, s'entretenant avec Mademoiselle Chaudron la cadette, laquelle

quelle il écoutoit sans rien dire, parce qu'elle avoit de l'esprit comme un charme ; mon Pere, veux-je dire, s'écria tout d'un coup: Elle sera ma Bru, ou je mourrai à la peine d'être son Beau-pere. Voilà, continua-t'il, Mademoiselle votre cadette qui vient de me dire comme cela, que si elle avoit un Mari, il ne mourroit jamais que de sa main. O ! cette gentillesse - là ne peut venir que d'un bon esprit, & je la demande pour mon

mon Fils. O ça, me dit-il, remerciez courtoisement Mademoiselle Babiche ; ce que je fis, en lui disant : Mademoiselle, je vous demande pardon & excuse, c'est que je n'y avois pas réfléchi ; mais ne vous épousant point, puisque je prens Mademoiselle votre sœur, je me fais véritablement un plaisir d'être votre Beau-frere. Monsieur, je ne sçai point faire la Pigrièche, me répondit-elle ; & puisque vous en usez de la maniere, je ne dis mot.

Sur

Sur ces entrefaites, elle me donna un soufflet d'une main, elle cassa une pille d'assiettes de fayance de l'autre, & elle s'en alla. Tout ça est signe de joïe, dit Madame Chaudron, n'en rions pas moins pour cela. Compere Gandion, faites le Contrat, nous le signerons demain, & ils tâcheront d'épouser Dimanche.

Comme nous nous en retournions pour aller faire la Veillée chez mon Pere, nous trou-

trouvâmes chemin cheminant, les Marionnettes du sieur Aléxandre Bertrand, qui défaisoient leur Theatre, parce qu'ils s'en alloient. Son Fils aîné, qui étoit déguisé en fille, prit son Violon, & nous reconduisit à la maison ; & avant de nous quitter : l'usage, dit-il, d'une occasion comme la voilà, c'est d'embrasser Mademoiselle l'Accordée. Là-dessus, il saute au col de ma future, & cela nous mit tous de bonne

bonne humeur, d'autant que nous en étions déja. Nous le conviâmes de rester avec sa Troupe pour nous faire danser en Bal, ce qui fut fait, & cela faisoit plaisir à voir. A minuit, environ, comme je dansois la Forlande avec mon Accordée: il faut, n'est-ce pas, que je me déguise, me dit-elle ? & elle prit sous le bras le jeune Bertrand, & s'en alla à Catimini. Une heure après je demande: Où est donc la future ? On la cherche.

Où

Où est-ce donc qu'elle est ?
Faut la trouver, ce dit-on.
Fort peu de ça. On rôde
par toute la maison, on ne
trouve non plus d'Accordée
que dans mon œil. C'est
quelque drôle de tour, dit
Madame Chaudron, qui
nous apprêtera bien à rire.
A cette parole elle appella
ses deux filles, & s'en retourne chez elle. Je la ramenne en la reconduisant, sa
fille cadette n'y est point. Je
vais me coucher. Le lendemain m'étant éveillé dès le

Potron Jaquet, comme mon Pere ronfloit encore, parce que le vin l'avoit surpris au Bal, je vais à l'Ecurie ; je prens sa Jument & le chemin de Niort; on y sçait des Nouvelles, ce dis-je en moi-même, puisqu'on y vend la Gazette. J'arrive le troisiéme jour; je vois dans la Place le Theatre du sieur Bertrand ; & sur lui, je reconnois ma future, qui je pense, joüoit le Rôle de Chimene, car elle étoit habillée en Amazone. Quand le le Jeu fut fini, voyant Mademoiselle Chaudron qui s'en alloit, tenant fous le bras le jeune Bertrand déguifé en Arlequin : Eh ! je crois que vous voilà, lui dis-je ? Qui eft cet infolent ? Je ne vous connois pas, mon Ami, me dit-elle, en faifant une grande révérence. Elle ne me reconnoît pas, dis-je en moi-même, parce qu'elle eft déguifée ; mais du moins elle eft civile, il ne faut point la rebuter ; elle croiroit peut-être

être que je viens ici pour avoir une explication sur le mal-entendu de son départ; il faut de la prudence. Voyons demain de quel côté le vent viendra, & surtout bouche cousuë; on ne se repent jamais de n'avoir point parlé, d'autant plus que trop graté cuit. Nous verrons ça dans la seconde Partie.

Pour

Pour S. Pierre & S. Paul.

Nicolas & Damon, enfans de la Contrée,
Etoient tous deux foupirans de Philis ;
Des mêmes feux également épris.
Ils ignoroient encore leur douce deſtinée.
L'un, pour témoigner fon ardeur,
Etoit toujours paré d'une Couronne ;
L'autre fans ornement veut plaire à fon Vainqueur
Avec le feul tourment que fon Amour lui donne.
A l'ombre de jeunes Ormeaux,
Tous deux trouvent Philis, & proferent ces mots :
C'eſt aujourd'hui, ma Belle, notre Fête;
Vous connoiſſez, n'eſt-ce pas, notre Amour ?
Trop charmante Philis, décidez en ce jour

De qui, d'entre nous deux, vous êtes
    la conquête ?
C'est trop barguigner en effet,
Dit Philis ; dans mes vœux je veux
    vous faire lire ;
De votre sort je m'en vais vous ins-
    truire,
En vous donnant un différent Bouquet,
Puis de sa droite elle offre sa Couronne
A Damon qui n'en avoit pas ;
De sa gauche elle prend celle de Ni-
    colas,
Au lieu de celle qu'elle donne ;
Par cette diverse faveur,
Alors, d'un air gausseur, demande la
    friponne :
Qui des deux se croit mon Vainqueur ?

La Rupture ingénieuse.

EN Amour, un des plus grands embarras est d'abord de dire que l'on aime; mais la difficulté n'est pas moindre de dire un jour que l'on n'aime plus : comme enfin tôt ou tard il en faut venir au dénouëment, il s'agit de s'en tirer galamment. Voyez la façon dont se servit un Cavalier des plus accomplis de la Ville de X.... Il étoit attaché depuis trois mois à Madame me de C.... mais on ne peut pas aimer toujours au même endroit. Les allées & les venuës font ce qui rendent l'empire d'Amour plus floriffant. La conftance du Cavalier étant donc fur fes fins, un beau jour de Sainte Elifabeth, qui étoit la Fête de la Dame, il lui envoya pour préfent une petite figure en forme d'Oublieux, avec fa Lanterne garnie d'un bout de bougie fort courte, éteinte & renverfée. Il avoit fur le dos.

dos un joli petit Corbillon où toutes les Lettres, Poulets, Billets, Portraits & autres de Madame C..... étoient roulés en façon d'oublies. La Dame qui sentit la finesse de cette Enblême, lui pardonna son inconstance en faveur de l'invention.

L'Abbé Z.... qui étoit ce qu'on appelle un drôle de corps, se trouva chez Madame B..... qui pour les Etrennes de sa Niéce avoit promis de donner

G un

un Violon & des Bignets. Les Filles & les Garçons du voisinage se rassemblerent le soir chez elle pour se délasser de toutes les courses qu'ils avoient faites, & de tous les baisers qu'ils avoient donnés, comme on en donne ce jour-là ; ils faisoient de grands récits sur leur nombre & sur leur qualité, quand l'Abbé Z.... parut dans la Salle. Toutes les Demoiselles convinrent, pour lui faire piéce, de ne lui donner que leurs oreilles à baiser,

baiser. Il s'apperçut aisément du jeu joüé, & ne dit mot ; mais comme suivant l'usage on donne aussi des dragées ce jour-là, il leur en fit une abondante largesse ; il est vrai que c'étoit du chicotin en dragée, & de la suye en guise de diablotins ; quelques-uns même ont prétendu que c'étoit de la plus fine ou de la bouë de bled, mais je ne le puis croire : quoiqu'il en soit, toutes les Demoiselles se jetterent sur lui, & le firent

rent fortir de la Chambre, fans vouloir qu'il approchât de la Collation. Il eut beau leur dire, que comme elles l'avoient mal baifé, de même il leur avoit donné fes plus mauvaifes dragées : ce fut toujours bien fait que de le punir, quoiqu'à dire le vrai, tout foit permis dans ces jours de Réjouïffance & de Godiole.

Penfées

Pensées différentes sur divers sujets.

Tout a été dit, & il n'y a rien de nouveau sous le Soleil, disent Messieurs de Théophraste & de la Bruyere dans ses Caractéres; mais ce grand homme a oublié de dire & de pratiquer une chose, à sçavoir, qu'il faut tourner sa plume sept fois en la main avant que d'écrire, comme on a dit la langue dans la bouche.

Je dis donc, que tous les jours on voit & on dit des choses nouvelles, n'y eût-il à moucher que les vices du Genre Humain qui augmentent chaque jour, nous ne voyons que trop d'exemples.

Par exemple, en fait d'ingratitude; un jeune homme de Famille adonné au Jeu, & à qui son Pere ne refusoit pas ce qu'il lui demandoit, n'a-t'il pas trouvé moyen de le voler d'une maniere basse & indigne ? Pen-

Pendant qu'il dormoit, il prit un drap moüillé qu'il lui a jetté sur le corps, dont s'étant éveillé, il s'eft débattu, & s'eft tellement embarraffé en fe débattant qu'il s'eft trouvé pris; & puis l'a entortillé de maniere qu'il ne pouvoit voir, parler & entendre. Alors étant à fon bel aife, il a pris tout ce qu'il y avoit dans l'Armoire, l'a emporté & a fermé la porte; d'où on ne s'eft apperçu que le lendemain qu'on a trouvé le bonhomme prêt à rendre l'ame, & qui a réchappé à grande peine. Cela ne fait-il pas horreur aux gens ? & ne doit-on pas montrer des Caractéres comme celui-là, pour en faire passer le goût ?

La Vanité nous fournira bien des sujets. Croirez-vous qu'on m'a assuré qu'un homme qui pour avoir de Pere en Fils une grande réputation de sçavoir & d'érudition, payoit un quelqu'un qui travaille pour lui, & qui à faute de moyen,
vend

vend comme cela son propre mérite? Il faut le nommer; c'est Monsieur Mathieu Lansberg, dont il n'y a plus du nom; cependant on abuse le Public, & on lui donne toujours ce qu'ils ne sont plus, puisque la Famille est éteinte. Ces Almanachs où l'on dit le tems qu'il fera, font que bien souvent on compte là-dessus, à faute de ce que l'Astrologie n'est pas encore à la portée de tout le monde, quoiqu'en dise un Auteur célé-

célébre. Mais enfin, n'en retirera-t'on que l'avantage de détruire les Almanachs Fallaciens ? Ce seroit encore un grand bien pour l'avancement des Sciences. De-là naît la jalousie dans tous les Arts; le Poëte cherche à détruire le Poëte; le Géométre, le Géométre; l'Ecrivain, l'Ecrivain. Dans les Métiers, dans le Peuple, on voit également régner la sizanie; & cela depuis que les Cordonniers veulent faire des Chapeaux ; & que l'on voit,
comme

comme dans notre Quartier, Monſieur Boudinet le Perruquier, qui s'eſt fait Maître à Danſer; Chicotin l'Epicier, qui veut faire des Airs à boire; & le Laquais du premier Clerc de Monſieur Grapignan Procureur, qui fait des Piéces Satyriques ſous des noms ſuppoſés. Voilà comme on trouve le Pour & Contre de chaque choſe; car il eſt bien certain que l'Ignorance & la Science ont leurs inconvéniens réciproques.

Le

Le Ballet des Dindons.

LA Saint Martin, dans tous les tems, fut un jour bien funeste aux Poulets d'Inde. Il n'est Fils & Filles de bon lieu qui alors n'en mange sa part; on croit que c'est-là tout l'usage qu'on en peut faire, point du tout, l'Amour tire parti de tout.

Un jeune Amoureux folâtre, & plein de gentillesse envers une jeune Demoiselle qu'il recherchoit à bonne

ne fin, s'imagina de lui donner un Divertiſſement des plus agréables, pour la ſaiſon qui eſt celle où l'on danſe. Ils étoient donc tous en Famille raſſemblés dans une Métairie; ce fut là que notre Galant, à l'inſçû de tout le reſte du monde, fit faire *incognito*, un petit Théatre dans une Grange, comme pour y repréſenter les Marionnettes, excepté que le rès-de-chauſſée du Théatre étoit de fer-blanc, ou ſi l'on veut de thaule,
ſous

sous lequel, en tems & lieu, il fit mettre de place en place des brasiers ardens. A l'heure de la Comédie, il fit tant qu'il y fit venir la jeune Demoiselle & toute la Compagnie, qui ne sçachant rien, s'assit. Alors on siffle, la toile se leve, & les Violons joüent à l'ordinaire, hors que c'étoit une Sarabande bien grave; on ne s'attendoit pas à ce que vous allez voir; c'étoit une bande de Poulets d'Inde qui marchoient à pas comptés, ramas-

ramassant çà & là des grains pour les nourrir. A mesure que le plancher du Théatre s'échauffoit, les susdits Danseurs sembloient s'animer, & les Violons de joüer des airs à l'avenant, comme Gavottes, Passepieds, Menuets, Rigaudons, Tambourins & Cotillons fort en vogue à l'Opera, avec les Gigues & les Bourées du tems, dont lesdits Poulets d'Inde étoient forcés de suivre la mesure, à fur & à mesure de la chaleur du dessous le Théatre,

tre, qui devenant infenfiblement tout rouge, c'eſt alors qu'au ſon des Violons qui joüoient des Tempêtes, des Vents & des Furies, on vit tous les Dindons s'élever, ſauter, s'élancer, bondir à toute outrance, imitant les Entrechats, Jettés, Pirouëttes & Gargoüillades de nos plus célébres Maîtres : dont l'Aſſemblée s'en retourna toute avec l'ame réjoüie, & les Dindons chacun avec les pieds à la Sainte Menehoult.

L'Em-

L'Emblême allégorique.

CEdant Arma Togæ, c'est comme qui diròit en Latin, que l'Epée mette pavillon bas devant l'Ecritoire. Un jeune Conseiller au Bailliage de ***, vouloit faire un Emblême de l'Amour qu'il portoit, dans la même Ville, à une jeune Demoiselle de sa Jurisdiction, & lui apprendre en même tems quelle étoit sa rigueur envers lui. A cet effet il fit faire un petit In-
stru-

ſtrument, comme qui diroit de Gagne-Petit, avec lequel on éguiſe les coûteaux; mais toutes les piéces de ſon Inſtrument étoient allégoriques, c'eſt en quoi gît la gentilleſſe. La Meule étoit en forme de cœur arrondi, ce qui déſignoit la dureté de celui de la Belle; au lieu de réſervoir, qui eſt ordinairement un Sabot, c'étoit une Pantouffle, faite ſur le modéle de ſa Maîtreſſe; & au lieu d'eau commune & ordinaire, il l'avoit l'avoit rempli de ses larmes qu'il avoit amassées exprès pour cela; & par dessus tout, notre Amoureux lui-même fabriqué au naturel, c'est-à-dire, en Robe & en Rabat, faisoit l'office de Rémouleur ou de Gagne Petit, avec cette devise : *Voilà ce qu'on gagne avec vous.* La Belle fut si charmée de l'invention du Conseiller, qu'elle lui fit entendre qu'il ne falloit plus qu'un tour de Rouë pour que son cœur fût à lui.

L'Agréable D.... courtifoit de fon mieux l'incomparable Javotte, qui fe picquoit d'avoir de l'efprit, & qui ne pouvoit en refufer à D.... puifqu'il parloit Latin (car il avoit très-bien fait fes Etudes) il eft vrai qu'elle ne l'entendoit pas; mais Javotte n'eft pas la feule dont l'ignorance produife l'admiration. D.... avoit beaucoup de raifon pour défirer de plaire à Javotte; car elle étoit fort riche, & fon pere poffédoit beau-

beaucoup de bon bien au Soleil, sans celui qu'il ne montroit pas. Indépendamment du Latin que D.... crachoit sans cesse, comme l'on dit, il faisoit continuellement des Vers & des Elégies pour son Adorable, ou pour mieux dire, il en copioit dans tous les Livres, sans compter les belles Lettres qu'il écrivoit, & dont il faisoit valoir la longueur. Malgré tant de mérite, il ne faisoit que de l'eau toute claire; & Javotte qui n'en avoit guéres, ne
lui

lui trouvoit pas encore assez d'esprit pour elle. Un jour elle entendit parler des Fées & de leurs Contes chez une Dame du Faubourg S. Germain, qu'elle étoit allé voir en Visite. Elle revint chez elle croyant qu'il étoit du bon air de parler des mêmes choses dont on s'entretenoit dans cet illustre Faubourg, cependant elle n'avoit été que dans la ruë Dauphine. Elle dit donc qu'elle aimoit outrageusement les Contes des Fées,

terme

terme qu'elle avoit parfaitement retenu, & qu'elle plaça plus de vingt fois ce jour-là même. D.... étoit trop galant pour ne pas lui offrir d'en imaginer un tout au plutôt; son offre fut acceptée, mais à condition qu'il ne feroit point en Latin. Il marchanda long-tems fur le jour qu'il le livreroit, on lui donna huit jours ; au bout defquels, avec un air compofé & très-content de lui-même, il lut devant la bonne Compagnie du Quartier,

tier, & dans la préfence de Mademoifelle Javotte, le Conte qui fuit.

Le Prince Bel-Efprit, & la Reine Toute-Belle.

CONTE.

IL étoit une fois une Reine, qui fe nommoit Toute-Belle ; elle avoit le nés un peu retrouffé, mais plein de charmes ; les yeux petits, mais tournés à la friandife ; la taille petite, mais d'une Reine qu'elle étoit ; la
bou-

bouche un peu platte, mais remplie de toutes les perles de l'Orient : on n'en fera pas étonné, puisqu'elle ressembloit, comme deux gouttes d'eau, à Mademoiselle Javotte. La Reine Toute-Belle étoit fort occupée de son Empire, mais elle l'étoit aussi de sa beauté; & les Dimanches & les Fêtes, on admiroit sa parure ; une Palatine, un petit Ruban embellissoit sa Grisette à ne la pas reconnoître, de façon que tout

I le

le monde étoit amoureux d'elle. Parmi ses soupirans, le Prince Bel-Esprit soupiroit & témoignoit son Amour par de beaux Vers, & par des Déclarations continuelles. Le bonheur lui en voulut assez pour que la Reine Toute-Belle ayant été priée de quêter le jour du Patron de la Paroisse, le Prince Bel-Esprit l'emportât sur ses Rivaux, & fut choisi pour lui donner la main. Ce bonheur le mit au comble de la joïe ; il envoya un Bouquet

quet à la Reine, comme il se pratique, avec ces mots écrits fur un papier: *C'eſt un rendu*, pour faire entendre la façon dont elle le menoit tous les jours, & celle dont il la meneroit cet heureux jour. L'eſpérance de devenir ſon Compere, pour être dans la ſuite quelque choſe de mieux, ſe joignoit au plaiſir de paroître devant tout le monde en donnant la main à la Reine. Toutes ces idées lui donnoient une joïe qui le faiſoit rire, comme l'on l'on dit, aux Anges ; mais cette heureuse situation (car les bonheurs ne peuvent pas toujours durer) fut interrompuë par plus de trente-six sols en liards qu'une main barbare jetta dans la Bourse de la plus belle des Quêteuses. La Reine Toute-Belle rougit, & versa même quelques larmes, de l'affront que lui faisoit la Fée Toinon, qui toute bascroche qu'elle étoit, n'en étoit cependant pas moins jalouse de la préférence que l'on avoit

avoit donnée à la Reine pour ce grand jour, car l'on sçait assez combien ces occasions sont agréables & souhaitées dans le monde. Le Prince Bel-Esprit rassuroit cependant la Reine par un clin d'œil, & lui disoit toujours, en souriant : Ce ne sera rien, Mademoiselle ; croyez-moi, elle en aura le démenti ; rira bien qui rira le dernier ; elle s'est trop pressée. En effet, Bel-Esprit avoit non-seulement prié tous ses Amis de donner à la Quêteuse, à charge de revanche ; mais il avoit aposté plusieurs personnes, qui donnerent plus de dix-huit francs en piéces de douze & de vingt-quatre sols, de façon que la mitraille se trouva couverte, & que la grosseur de la Bourse, qui faisoit paroître la Quête admirable, fit endéver la Fée Toinon. C'est à vous, belle Javotte, de permettre à l'enchanteur Amour de couronner une aussi belle union.

Javotte

Javotte piquée de ce que son Avanture devenoit publique par cette indiscrétion (car la chose lui étoit en effet arrivée depuis peu) & désesperée sur-tout d'apprendre que les dix-huit francs venoient de la générosité de son Amant, & non pas de son mérite, dit tout haut: Que le Prince Bel-Esprit étoit un Sot, & qu'elle le chassoit de sa Cour. Elle a tenu parole, & D.... a perdu une belle Fille & une grosse Dote, pour n'avoir pû se taire encore quelque tems sur les dix-huit francs. Les Femmes n'aiment point qu'on leur reproche les dépenses.

Pour Sainte Elisabeth.

Monsieur l'Abbé ***, bel Esprit de la Ville du Mans, étoit lié de la plus étroite amitié avec Madame de ***; elle s'appelloit Elisabeth. Le jour de sa Fête il entre dans son appartement au moment qu'on l'éveilloit, tenant dans sa sa main une Corbeille couleur de rose ; il l'aborde en disant ces mots :

> Pour vous composer un Bouquet,
> Des plus brillantes Fleurs j'ai choisi
> l'assemblage,
> Du beau Sexe qui nous engage
> Vous êtes le plus bel objet ;
> Sur les fleurs de notre Bouquet
> Elles ont le même avantage.

Alors il leve le dessus de la Corbeille, il en tire le Bouquet, mais surpris, il dit :

> Mais hélas ! ces Fleurs sont passées,
> Votre réveil a changé leur état !
> Par les vôtres je vois qu'elles sont effacées ;

Près de vous tout se fanne, & tout perd son éclat.

Les Epreuves d'Amour dans les quatre Elémens.

HISTOIRE NOUVELLE.

UNe Dame dont je tairai le nom, appellée Cecile, fort adonnée aux amusemens de l'esprit, avoit éxigé d'un Cavalier qui la consideroit beaucoup, une Histoire de sa façon pour Bouquet, en guise de Discrétion qu'il avoit perduë avec elle à certain jeu ; dont voici

voici comme il s'acquitta.

Eulalie étoit née pour éprouver les caprices les plus singuliers de la Fortune & de l'Amour ; sa beauté étoit conforme à sa naissance, & c'est tout dire. Sa vie commença d'abord au Bal de l'Opera de Paris, où Madame sa Mere se trouva dans la nécessité de la mettre au monde. Elle y fut reçuë par une troupe de Masques, parmi lesquels il s'en trouva un en Sage-Femme, & l'autre en Nourrice,

rice, qui faciliterent beaucoup la naiffance de la jeune Eulalie. D'un autre côté le jeune Alexis naiffoit. C'étoit un Cavalier qui devoit être accompli, comme il le fit voir dans peu. C'étoit lui-même que le Ciel deftinoit pour caufer & partager les Avantures d'Eulalie; car nous naiffons toujours affortis à quelqu'autre, la queftion eft de nous rencontrer.

Cependant la belle Eulalie entra en Nourrice comme Alexis en fortoit; leur Etoile

Etoile commença par les faire venir Frere & Sœur de lait; jugez de la simpathie que cela leur donna l'un pour l'autre. Aussi peut-on avancer que ce commencement leur procura, par la suite, l'occasion de se connoître, de s'attacher encore plus étroitement l'un à l'autre, & de remplir leur Vocation. Je passerai, s'il vous plaît, en silence toutes les gentillesses d'une Enfance si charmante, qui rempliroit un Volume, afin d'aller

ler en avant dans une Histoire si interressante. Passons donc tout d'un coup à l'Adolescence de ces pauvres Enfans; ce que j'en dis de pauvres Enfans, n'est pas qu'ils ne fussent assez accommodés des biens de Fortune pour avoir de quoi, mais c'est par rapport aux révolutions de leurs cœurs. La Fortune qui sembloit conduire leur Roman par la main, fit encore plus pour eux, & les rendit Voisins de Quartier, ensorte qu'il n'y avoit

avoit que la ruë entre deux. Bien-tôt leurs Parens qui s'étoient plû à voir l'attachement réciproque de ces deux Enfans, & qui s'en faisoient un jeu, en craignirent les suites. Une broüillerie survenuë à propos entr'eux, fut le commencement des infortunes qui tourmenterent la vie de nos Amans. Les voilà donc séparés & réduits à ne se plus voir qu'à la dérobée, à la Messe, & par tout où ils se rencontroient, c'est-à-dire, rare-

rarement, aux Promenades, & jamais aux Spectacles. Heureusement ils demeuroient vis-à-vis l'un de l'autre, & ils passoient une bonne moitié de la journée à leurs fenêtres, à s'envoyer mille regards & mille soupirs que les Zéphirs leur portoient & rapportoient sans cesse très-fidellement. Ce soulagement leur suffisoit; l'Amour se passe à peu quand il est jeune; mais leurs Parens s'en apperçurent, on changea Eulalie d'appard'appartement ; cette derniere séparation leur parut bien plus insupportable que la premiere. Ils auroient passé leur vie à se regarder à travers de la ruë, du moins ils le croyoient. A cet âge on ne croit rien d'impossible. Il fallut s'aider, & chercher des moyens & des expédiens pour éluder la rigueur de leurs Tyrans. La Fortune qui ne faisoit que semblant de les abandonner, les tira d'embarras. Heureusement le feu prit chez Eulalie, mais avec tant de violence, que c'étoit un charme de voir comme en un inftant la Maifon parut toute enflammée. L'occafion étoit trop belle pour qu'Alexis n'en profitât pas. Il ne perdit point de tems, & fans craindre ni Feu, ni Flamme, il fe jetta tout au travers de l'Incendie, & fit fi bien, qu'il pénétra jufqu'à la Couchette d'Eulalie, l'en tira le plus modeftement qu'il put, la prit entre fes bras, & l'emporta fi à propos chez lui,

lui, que le plancher d'Eulie s'éfondra le moment d'après, & la Maison presque consumée tomba en ruine, & s'écroula sur elle-même si parfaitement, que ce n'étoit plus qu'un monceau de décombremens qui n'avoit plus ni forme, ni figure de Maison. La confusion fut aussi grande que le désordre; ensorte que les Parens ne sçachant à qui entendre, ne s'apperçurent pas de l'heureux Enlevement de leur chere Fille, & même ils firent mieux, car ils crurent qu'elle avoit été brûlée & écrasée avec les meubles & le reste de la Maison. Tandis qu'ils la pleuroient, nos heureux Amans étoient réunis en secret par le plus grand bonheur du monde : jugez de leurs transports, de leur Amour; c'est là où l'Histoire reste tout court : on ne peut décrire ce qu'on ne peut définir. Mais cependant remarquons la délicatesse d'Eulalie, qui entre les bras de son Amant, devoit

voit naturellement n'avoir rien à défirer, & qui pourtant regretta de n'avoir pas fauvé de l'Incendie quelques petits Billets doux qu'elle avoit reçûs de fon cher Alexis. Cependant il la tenoit avec bien du fecret dans fa chambre au troifiéme, la nourriffant de tout ce qu'il pouvoit attraper à la Cuifine, & y mettant jufqu'au dernier fol de l'argent qu'on lui donnoit pour fes menus plaifirs, mais l'Amour suppléoit au refte : fi la chere étoit

étoit courte, les contentemens étoient grands. Leur félicité paroîtra incroyable aux infenfibles, mais laiffons-les là, ils ne font bons à rien. Ces deux Amans paffoient les jours entiers à s'aimer & à en être charmés ; ils n'avoient pas le tems de fonger à l'avenir ; ils n'envifageoient que le préfent, & en profitoient : qu'auroient pû faire de mieux des gens plus raifonnables & plus expérimentés ? Le bonheur de leur Roman fut trou-

troublé par cette fatalité qui ne permet jamais à la félicité d'être durable. Un fripon de Valet s'apperçut de quelque chose, il en jasa, tout fût découvert ; & l'on vint arracher, un beau matin, Eulalie d'entre les bras de l'Amour même. Quel réveil ! Car enfin elle dormoit alors ; il falloit bien dormir quelquefois. Une Mere fâcheuse, comme c'est l'ordinaire, l'enleva d'autorité ; ce qui fut accompagné de quelques petites influenfluences sur les jouës de roses d'Eulalie. Qu'avoit fait la pauvre Enfant, que tout autre n'eût fait à sa place ? Les voilà donc séparés comme si de rien n'étoit, sans sçavoir ce qu'ils alloient devenir ; & il n'en resta à Alexis, sans compter le reste, que le plaisir d'avoir sauvé Eulalie du Feu, & le chagrin de la perdre peut-être pour jamais. Mais il y a, comme on dit, un Dieu pour les Enfans & pour les Amans, car c'est tout un.

Alexis

Alexis à force de remuer, apprit enfin qu'on alloit mener Eulalie au Couvent dans une Province des environs de Paris, & qu'apparemment elle étoit perduë pour lui sans retour. Effectivement, sa Mere prétendoit en faire, bon gré, malgré, une Religieuse pour toute sa vie ; & pour mieux y déterminer sa Fille, elle lui avoit fait accroire l'inconstance de son Amant. Filles, ne vous y trompez pas, c'est la rubrique ordinaire dont
L les

les Parens se servent en pareil cas. Eulalie, qui ne le croyoit pas plus que de raison, laissoit faire sa Mere, & prenoit par force le parti d'obéïr. Le jour du départ fatal arriva. Il fallut se lever pour la derniere fois ; on la mit en Carosse, & l'on partit sans lui permettre d'aller faire ses adieux dans le Quartier. C'est alors que l'infortunée Eulalie sentit plus que jamais toute la force de son malheur ; un foible rayon d'espérance l'a-
voit

voit toujours foutenuë : mais voyant que chaque pas qu'elle faifoit, l'éloignoit de fon cher Alexis, & l'approchoit de fon exil éternel, elle perdit la tramontane. Le défefpoir s'empara de fon trifte cœur ; elle prit une réfolution bien terrible, & n'attendit qu'une occafion favorable pour l'executer. Mais, me dira-t'on, on n'a point de nouvelles d'Alexis ? Patience, Lecteur, chacun aura fon tour ; nous l'avons laiffé rongeant fon foin, il ne ne tardera pas à reparoître sur la Scene. Eulalie rouloit, lorsqu'à une certaine distance il survint une Riviere qu'il falloit passer dans un Bac ; à cet aspect, Eulalie feignit d'avoir peur, & demanda à descendre ; comme on cherchoit à l'amadoüer, on n'eut garde de lui refuser sa demande. Etant donc descenduë à pied dans le Bac, elle s'approcha d'un des bords ; & dans l'endroit où l'eau étoit la plus forte, elle se précipita à corps perdu ;

du : auſſi-tôt on entendit derriere un grand cri, & un des Gens de Livrée ne fut ni fol, ni étourdi, mais ſans perdre de tems il ſe jetta après elle dans le deſſein de la ſauver ou de périr avec. Auſſi étoit-ce le déſeſpéré Alexis qui s'étoit ainſi traveſti pour ſuivre ſa Maîtreſſe de l'œil ; comme il s'étoit jetté déja une fois dans le feu pour elle, il n'eſt pas étonnant qu'il ſe jettât à l'Eau pour la ſauver encore une fois.

Cependant le courant qui étoit extrêmement rapide, avoit déja entraîné bien loin Eulalie & son Amant; il faisoit des efforts surnaturels pour la joindre....

Ici l'histoire s'est trouvée par malheur interrompuë, mais on fera son possible pour engager l'Auteur à nous en donner promptement la seconde Partie, qui ne sera peut-être pas la derniere.

Suite

Suite des Epreuves d'Amour dans les quatre Elémens.

POur peu qu'on s'en souvienne, on peut se rappeller aisément que nous avons laissé nos deux Amans à veau-leau. Les Spectateurs les avoient perdus de vûë, & se contentoient, ne pouvant faire mieux, de les recommander à S. Nicolas: cependant Alexis ne s'endormoit pas de son côté; au contraire, il fit tant, qu'il joignit enfin sa chere Eulalie,

lie, que ses hardes & quelques mouvemens involontaires qu'elle faisoit de tems en tems, faisoient revenir sur l'eau ; mais au moment que je parle, son Amant alloit mettre la main dessus, il la voyoit faire le plongeon, & lui-même alloit à la dérive. Ce petit manége dura quelque tems : Alexis essuyoit toutes ces contrarietés ; il retournoit sans cesse avec une patience admirable à la charge ; & sans attendre que sa Proye reparût,

rût, il alloit même en plongeant la chercher jufques au fond des ondes ; tel un Barbet courageux qui pourfuit un Canard. Il étoit tems que leur naufrage finît, Alexis épuifé raffembla toute fon induftrie ; & à force de rufes, il faifit Eulalie par fes beaux cheveux, qui flottoient au gré des eaux. Alors ranimé par cet heureux avantage, il la remorqua jufques fur la rive, & la fit échoüer fur un gafon, qui fembla fe trouver là exprès

pour

pour recevoir une si belle charge; il ne l'eut pas plutôt mise à sec, que se mettant à la considérer, il crut s'appercevoir que la vie lui manquoit, & qu'elle l'avoit laissée au fond de la riviere. Alors il fut sur le point d'aller s'y jetter lui-même, désesperé d'en avoir fait à deux fois; il prenoit congé de sa pauvre défunte par mille baisers qu'il prodiguoit sur ce visage, où il n'y avoit plus que des lys, lorsqu'ayant par hazard ren-

rencontré fa chere bouche, il fentit quelque refte de refpiration; il eût non-feulement partagé fon ame avec elle, mais il lui auroit volontiers tranfmife toute entiere. Il continua donc, c'étoit de quoi ramener un mort, auffi fit-il. Eulalie reprenant haleine, foupira, ouvrit un de fes beaux yeux mourans, & un de fes regards fut adreffé à fon Libérateur, qui joüit de fa réfurrection avec des tranfports trop grands pour être

fen-

senfibles : trop heureux de pouvoir éprouver alternativement qu'on peut mourir de plaifir ainfi que de défefpoir. Tandis qu'ils étoient tous deux dans cet heureux partage de la mort à la vie, les parens, les amis, & tous les Paffagers arriverent à la file ; & nos Amans, fans s'en appercevoir, s'en trouverent environnés. Chacun félicita Alexis, excepté la mere qui l'en remercia froidement, & qui fit tranfporter fa fille autre part, fans vouloir permettre

mettre à Alexis de venir prendre un air de feu avec elle; il fut, comme on dit, obligé de se sécher où il s'étoit mouillé: ce dernier trait de dureté l'affligea plus que tout le reste; mais il s'en consola par le plaisir d'avoir sauvé ce qu'il aimoit. Il prit donc son parti, & devint ce qu'il plut à la Fortune.

Cependant, après qu'on eut fait à Eulalie tout ce qu'on put lui faire humainement, il fallut remonter
en

en carosse, & continuer la route. On arriva trop tôt pour elle, dans le triste séjour où elle devoit être confinée bien-tôt après. Elle reçut les adieux de toute la carossée ; on la laissa aussi mouillée de ses pleurs, que si elle sortoit encore de la riviere : mais sa Mere n'en répandit point, & partit après avoir recommandé aux Meres discrettes de lui donner le plus de vocation qu'il seroit possible pour la vie Religieuse.

Voilà

Voilà donc Eulalie claquemurée. Sa clôture lui parut un enfer anticipé; elle fut parmi ces Vestales quelque tems comme au milieu des Sauvages dans une Isle inhabitée; elle ne voyoit & n'entendoit rien; lorsqu'à la longue parmi les jeunes Professes, qui s'empressoient autour d'elle, elle en apperçut une qui avoit un faux air tout-à-fait ressemblant à Alexis. Elle se mit à l'envisager plusieurs jours de suite; sa prestance, sa corporance,

rance, son maintien, son âge, son son de voix, sa voix même, ses discours équivoques, & tout enfin lui gagna insensiblement le cœur; elle sentit que c'étoit, ou que ce devoit être Alexis en personne ; rarement le pressentiment nous trompe, sur-tout quand il est fondé sur la vraisemblance, & appuyé par l'Amour. En effet, c'étoit Alexis, qui à l'aide de sa phisionomie modeste, & de sa jeunesse, avoit trouvé le secret d'entrer parmi les

les Novices de ce Couvent. Il ne tarda pas à ne pas laisser aucun doute à Eulalie du recouvrement de son Amant ; ce fut alors qu'elle pardonna tout à la Fortune. Quel plaisir pour deux Amans de porter le même habit, d'avoir la même demeure, les mêmes fonctions, les mêmes devoirs, & de ne voir entr'eux d'autres différences que celle qui servoit encore plus à les réunir ! Ils comptoient faire ensemble Profession ; ils avoient

avoient toujours fait les mêmes vœux : ainsi ceux qui leur restoient à faire, leur paroissoient la consommation du reste. Le tems de la Profession approchoit ; ils soupiroient après ce moment, qui devoit les unir pour jamais. Ils auroient voulu en être au lendemain; mais le démon de la jalousie se fourra entre deux ; leur grande liaison, ou plûtôt l'instinct de quelques Nones, fit qu'elles examinerent le plus qu'elles purent

rent la fausse Novice. L'Amour heureux est aveugle, la Félicité porte avec elle une espece de sécurité, qui devient souvent très-dangereuse: quoi qu'il en puisse être, Alexis fut trahi par son sexe, qui traperçoit à travers de sa guimpe. La None qui s'étoit furtivement assurée du fait, n'en douta plus; & soit par désespoir, ou par l'amour de sa Regle, elle fut dénoncer ce qu'elle avoit vû, & en faire la description

autentique aux Meres dif-
cretes, qui eurent peine à
croire ce rapport. L'affaire
fut mife en délibération ;
celle qui nioit le fait, n'é-
toit pas fâchée en fecret de
s'en convaincre par fes propres yeux, c'eſt ce qui fut
executé fort heureufement
pour elle. Un beau matin
Alexis fut pris au fault du
lit, il n'y eut pas moyen
d'éluder ; la conviction fut
telle, qu'il fut dès-lors traité comme un loup qui fe
feroit fauvé dans la Berge-
rie :

rie : cependant l'on en revint, après bien des débats, à un parti plus raisonnable, qui étoit de ne rien laisser ébruiter. Après avoir pris d'Alexis un serment qui rassura toute la Communauté, & qui maintint chaque Religieuse dans son innocence, on lui fit déposer les dépoüilles Monastiques, que l'on rebenit après, & on lui fournit les vieux habits d'un Sacristain mort depuis peu à la fleur de son âge au service du Couvent : ainsi

Alexis fut renvoyé, avec défense de roder autour du Couvent, & d'en approcher plus près qu'à la portée du pistolet. On dit qu'Eulalie ne fut pas la seule qui le regretta : toutefois pour ne rien avancer qui ne soit vraisemblable, son désespoir fut égal à sa perte, mais il fut presque secret ; heureusement pour elle, on convint, pour plus de sûreté, de lui faire recommencer son Noviciat. Je dis heureusement, parce que cela

cela lui mettoit encore une année devant elle, comme on dit, qui a terme ne doit rien, & le tems amene bien des évenemens, qui n'arriveroient pas sans lui.

De quoi l'Amour feminin n'est-il pas capable, quand il est contrecarré si constamment ! Eulalie passoit le tems à imaginer inutilement, lorsqu'enfin n'ayant plus d'autres ressources, elle s'en tint aux expédiens bien imprévûs, qui fut de faire semblant d'être enceinte,

On

On lui apprit à en feindre tous les symptômes les plus significatifs; on lui fournit à mesure de quoi s'arrondir la taille. Comme elle s'étoit fait aimer dans le Couvent, elle y trouva secrettement tous les secours nécessaires. Les choses étant en cet état, un bruit sourd en circula par toute la Communauté; l'habitation qu'Alexis avoit faite dans le Couvent, ne nuisit pas à la confirmation de cette rumeur. Autre conseil fut tenu dans

le

le Chapitre secret, & l'on résolut d'en écrire à la mere, qui aussi-tôt la Lettre reçuë, devint comme une furie, déclara quelle renonçoit sa fille pour jamais, qu'elle l'abandonnoit à son mauvais destin, la privoit de sa succession; & que de plus par la présente elle lui envoïoit sa malediction. Que faire à tout cela? La grossesse prétenduë alloit toujours son chemin & augmentoit à vûë d'œil, la terreur augmenta aussi dans le Couvent ; peut-être que si l'on eût pû eſpérer qu'Eulalie n'accouchât que d'une fille, on auroit pû la garder ; mais on craignit qu'elle ne mît au monde un garçon, & même deux : quel ſcandale auroit-ce été ! Dans cette incertitude on ſignifia à Eulalie qu'elle eût à prendre ſon parti le plus promptement qu'elle pourroit ; d'autant plus que le terme approchoit, & que le bruit qui tranſpiroit déja au dehors, ſe répandroit bien-

bien-tôt dans les environs.

Eulalie accepta son congé à belles baise-mains, elle sortit sans sçavoir ce qu'elle deviendroit; il ne faut qu'aimer, avec l'Amour on croit que terre ne peut jamais manquer.

Notre nouvelle défroquée se réfugia donc dans l'endroit le plus prochain, & là elle voulut reprendre son honneur, qu'elle avoit laissé dormir quelque tems; c'est-à-dire, qu'elle abjura sa prétenduë grossesse, & rentra dans le rang des Vierges, pour paffer bien-tôt dans celui des Martyrs, comme nous l'allons voir. Le Juge des Lieux informé de fa fortie du Couvent, & du motif qui en avoit été caufe, ne lui voyant plus cette rotondité qu'elle avoit rapportée dans le fiecle, crut qu'elle étoit accouchée en fecret : c'est pourquoi il fe transporta fur le lieu, pour la féliciter fur fon heureufe délivrance, & en même tems pour lui fignifier qu'elle le eût à lui repréſenter ſon fruit; ce que n'ayant pû obtenir d'elle, à cauſe de l'impoſſibilité, il la fit appréhender au corps & conduire en priſon, ne doutant pas un moment qu'elle ne ſe fût défait du nouveau né; on juge aiſément de l'embarras où elle fut pour faire voir qu'elle n'avoit jamais été groſſe; & en effet, malheureuſement pour elle rien n'eſt plus difficile à prouver; elle eut beau nier, ſes proteſtations & une

chan-

chanson furent la même chose. Monsieur le Bailli entendit en déposition toute la Communauté l'une après l'autre, qui soutint unanimement son dire, ajoutant qu'elle s'y connoissoit très-bien, & qu'elle n'étoit point si facile à être affrontée. Enfin il résulta d'un témoignage si autentique, qu'Eulalie auroit été grosse, & le Bailli suppléa d'office qu'elle étoit accouchée clandestinement sans avoir acelarné, c'est le terme, & qu'elle s'étoit

toit défait de son fruit. Pour réparation de quoi il la condamna à être suspenduë & à mourir au bout d'une corde. On sera sans doute étonné de la briéveté avec laquelle on rendoit la Justice en ce païs-là, le fait n'en est pas moins constant, & il y a souvent bien des réalités ausquelles il ne manque que la vraisemblance ; peut-être que pour connoître l'innocence d'Eulalie, on eût pû procéder aux vérifications & rapports des

per-

personnes expertes en ce cas; mais soit à cause de leur incertitude, ou par autres raisons que ce soit, on n'en vînt pas là, & dès le lendemain, l'innocence même fut conduite au lieu de l'exécution, avec un grand concours. Alexis y fut comme les autres. Quel coup de foudre pour lui, quand il apperçut la patiente Eulalie à la potence; & qui plus est, Eulalie perfide, infidelle, condamnée pour un crime auquel il n'avoit point donné

donné lieu : car il l'avoit toujours respectée si parfaitement, qu'il étoit sûr de n'avoir aucune part à cette maternité, & qu'il ne lui en avoit fourni aucun titre. Désespéré d'une infidélité si publique, bien plus que de sa mort, qui sembloit le venger, il fut tenté de la laisser subir son supplice. Mais quoi ! voir pendre ce qu'on a tant aimé, & ce qu'on aime encore ; car la tendresse d'un Amant n'expire pas toujours avec la fidélité

délité d'une Maîtresse, & l'Amour meurt rarement de mort subite ; cependant il étoit tems de résoudre, Eulalie n'avoit plus qu'un instant à vivre, le lien malheureux qui devoit lui ôter la vie, entouroit déja ce col d'ivoire & d'albâtre : quels nœuds, grand Dieu ! au lieu de celui qu'il devoit former, & qui devoit l'attacher pour jamais à son Amant ! Alexis ne put souffrir ce spectacle plus longtems ; à tout hazard, il se mit

mit avec cinq ou six étourdis, aussi touchés de compassion que lui, ils s'unirent; & faisant un escarre dans la presse, Alexis d'un coup de sabre coupa la corde fatale, & reçut Eulalie dans ses bras, tandis que ses Camarades, à l'aide de quelques coups de plat d'épées, écarterent le reste, & lui donna le moyen de se sauver avec elle, dont le Bailli fit un beau procès verbal. Ainsi Eulalie qui avoit pensé périr dans le feu, dans l'eau, &

tout

tout à l'heure en l'air, fut pour la troisiéme fois sauvée par son Amant; cependant nos Oiseaux s'envoloient à tire d'aîle. Comme tout se trouve à point dans les Histoires extraordinaires, Alexis rencontra un Cheval qui paissoit non loin de là, qui lui vint fort à propos; au hazard de le crever, il lui fit faire une traite, qui paroîtroit sans doute incroyable, si tout n'étoit pas possible dans de certaines circonstances.

La

La Fortune qui sembloit vouloir se réconcilier avec eux, après leur avoir fourni les moyens de se mettre en sûreté, n'en demeura pas là. Alexis reçut des nouvelles du païs, qui lui mandoient que son pere étoit à l'extrémité, & qu'il n'avoit point de tems à perdre, s'il vouloit venir recueillir ses derniers soupirs, & sa succession. Dans cette extrémité, combattu par l'amour, par la piété envers son pere, & par le besoin futur où il alloit

alloit tomber, il crut qu'il ne devoit pas laisser mourir son pere sans lui; il fallut encore se séparer de sa chere Eulalie ; mais il espera que cette séparation seroit la derniere, & qu'ils se réuniroient enfin une bonne fois pour tout. Cependant certains pronostics opiniâtres qui reviennent toujours quand on les chasse, sembloient lui présager quelque chose de sinistre ; il avoit beau les secoüer, il buvoit, il mangeoit, alloit, venoit,
de-

demeuroit & dormoit malgré lui avec eux ; il ne pouvoit deviner à qui ils en vouloient, & ne prévoyoit pas qu'il pût lui arriver rien au-delà du trépas de son pere. Il part donc, & les adieux furent entremêlés de soupirs plus accablans que jamais. A peine Eulalie, qui l'avoit suivi des yeux, autant qu'ils pouvoient s'étendre, eut perdu de vûë cet objet que l'Amour sembloit ne lui faire que prêter, qu'elle tomba

tomba dans un abbattement affreux; elle eut tous les avant-coureurs da la maladie la plus en forme, & la plus confiderable qu'on puiſſe avoir; le courage, qui l'avoit foutenuë juſqu'ici, lui fit faux-bond tout à coup, elle s'en trouva moins qu'une femmelette accablée de la perte d'une Guenuche ou d'un Perroquet. La maladie ne manqua pas de fe déclarer au plutôt; il fallut fe mettre au lit pour n'en plus relever; malgré la difette

de

de Médécins, le mal empira de lui-même, sans aucun secours, & vint à tel point, qu'elle cessa de donner aucun signe de vie. Ce moment fatal arriva jour pour jour le quinziéme du départ d'Alexis, qui sans sçavoir rien de rien, arrivoit à toutes jambes, & se trouva justement à tems, pour assister au Convoi & Enterrement d'Eulalie. Ce fut alors que le désespoir eut son cours ; peu s'en fallut qu'il ne se fît enterrer avec

avec elle; mais on ne voulut pas lui accorder cette foible consolation. On le ramena malgré lui au logis de la défunte, où ce fut encore pis quand il ne l'y trouva plus; il ne laissoit pas de la chercher par-tout. Les grandes douleurs sont folles; celles d'Alexis furent des plus extravagantes, mais elles lui étoient pardonnables; quand on perd tout, on peut bien perdre l'esprit; il lui en resta cependant assez, pour lui faire prendre une

une résolution qui marquoit bien la grandeur de son amour, & qui prouva que le tems ne pouvoit jamais le diminuer. Pour exécuter ce grand dessein, il attendit la nuit, qui heureusement ne tarda pas : aussi-tôt il fut trouver le corps d'Eulalie, qui gissoit dans sa derniere demeure. Là, malgré la peur des Revenans, il fit si bien qu'il se coucha avec elle, dans le dessein d'y mourir tout enterré : il se mit donc lui-même tout au fond, charmé de se trouver enfin réuni pour jamais avec sa Maîtresse: il se recouvrit de terre le mieux qu'il put; & se rangeant côte à côte du corps d'Eulalie, il se mit à lui tenir les discours les plus tendres, qui auroient été capables de réchauffer sa cendre, s'il n'eût répandu en même tems un torrent de larmes; ce fut alors qu'un doux sommeil venant fermer ses yeux, il se crut mort. On se tromperoit à moins, puisque le sommeil

est

est le frere de la mort, & ressemble à sa sœur comme deux gouttes d'eau. Dans cet état, son esprit ne s'endormit pas, & continua par un songe agréable à s'entretenir avec la défunte, qui de son côté sembloit lui répondre sur le même ton. Qui auroit pû les oüir, auroit sans doute été très-étonné d'entendre dire à des morts des choses si belles, que les vivans auroient eu de la peine à en dire autant. Ainsi se passa la nuit entiere,

tiere, lorsqu'Alexis, qui ne croyoit plus être en vie, eut quelque soupçon du contraire. A force d'y prêter attention, il crut entendre sa voisine soupirer, & gémir à son tour: il se rappella certains discours, des réponses, des plaintes, & des tendresses qu'il croyoit venir de l'autre monde, ou plutôt il s'y crut avec Eulalie: cependant à travers quelques vuides qu'il n'avoit pas rebouchés exactement, le Soleil pénétra ce my-

myſtere, & par des détours obliques, porta ſes rayons naiſſans juſques au fond de leur ſépulture. Eſt-ce vous, cher Amant, lui dit Eulalie? Quoi! vous n'avez donc pû me ſurvivre? Quelle marque d'amour viens-je de recevoir de votre part! Ah! je m'en ſouviendrai éternellement! Vous le voyez, répondit Alexis, le trépas nous a réunis. Que faire où vous n'êtes pas? La vie eſt où vous êtes; ce n'eſt plus être mort que d'être avec vous,

vous *. Mais, dit Eulalie, en bonne foi, sommes-nous morts ? Je ne sçai ; mais je vous avouërai que j'ai de la peine à le croire. Ah! n'en doutez pas, répondit Alexis, puisque nous sommes enterrés ; ce sont nos ombres & nos ames qui s'entretiennent. Tâtez comme nos corps sont froids ; mais vraiment ils ne le sont pas, s'écrierent-ils tous deux, s'étant tâtés en même tems!

* C'est un Vers ; on ne sçait d'où il vient, ni ce qu'il deviendra.

Ah!

Ah! dit Alexis, c'est une chaleur d'amour, c'est le feu dont nous avons brûlé qui couve sous sa cendre, & qui s'entretient par le voisinage de nos corps. Je ne sçai, dit Eulalie, mais il me semble que je me sens comme si j'étois pleine de vie. Après tout, comme je n'avois jamais été morte auparavant, j'ignore comme on est quand on n'est plus, & je m'en rapporte à vous. Je croirai tout ce qu'il vous plaira, reprit Alexis, & je ne ferai mort qu'autant que vous le ferez ; mais éclairciffons-nous, la vie en vaut bien la peine. Tout en difant cela, ils fe démenerent & fe débarrafferent un peu de leur funefte attirail. O Ciel ! s'écrie Alexis, reffufcitons-nous ? Eft-ce aujourd'hui le grand jour ? Je ne fçai où j'en fuis, ni ce que nous fommes. A tout hazard, voyons, levonsnous, & fçachons un peu ce qui fe paffe. Oüi, je reconnois tous ces lieux ; ils

font

font comme je les ai laiſſés. Voyez cette colline à gauche, & ce vallon au bas, ce ruiſſeau qui ſerpente, ces gaſons qu'il fait naître, ces campagnes émaillées, & ces fleurs odorantes ; je vois, j'entens les heureux Habitans de ces cantons fortunés, chanter & danſer au ſon de la Muſette ; voilà des Troupeaux paiſſans, des Agneaux bondiſſans, des Chiens & des Bergers, des Cabanes ruſtiques, des Toîts couverts de chaume. Tandis

qu'Alexis, chemin faisant, faisoit l'inventaire de ce qu'il voyoit, Eulalie lui dit : on nous prendra pour une Mascarade, si l'on nous voit ; réfugions - nous promptement à la maison, & là nous nous instruirons du reste. Ils arriverent à la porte du logis, où ils ne furent pas plutôt entrés, que chacun disparut. La frayeur s'empara de toute cette maisonnée ; ils ne purent trouver à qui parler qu'à eux, mais cela leur suffit ; peu à peu
ils

ils s'aſſurerent réciproquement qu'ils étoient en pleine ſanté. Petit à petit, ceux qu'ils avoient ſi fort effarouchés, revinrent & s'apprivoiſerent avec nos Revenans. Enfin Eulalie & ſon Amant apprirent qu'on l'avoit cruë aſſez morte pour l'enterrer; qu'apparemment il lui avoit pris une foibleſſe, qui étoit dégenerée en létargie ; & comme il eſt arrivé de nos jours à pluſieurs morts que l'on connoît, on l'avoit enterrée vi-
van-

vante; il fallut bien en paffer par là, & recevoir les excufes qu'on leur fit à ce fujet. Ainfi Alexis remplit la quatriéme Epreuve d'Amour dans le quatriéme Elément, & fe retrouva dans le fien, qui étoit les bras d'Eulalie, qu'il époufa enfin, au grand contentement de tous ceux qui fçurent cette Hiftoire, qui n'aura peutêtre jamais fon femblable, quoique pourtant il n'y ait rien que de très-faifable. Ceux qui voudront en retirer

rer quelque belle moralité en Amour, y trouveront celle-ci: *Tiens bon, & je t'aurai.*

D'une Pierre deux coups.

CErtaine Dame, à deſſein ou autrement, tourmentoit jour & nuit Monſieur Tirſis, pour ſçavoir s'il n'avoit point quelque Anguille ſous roche, c'eſt-à-dire, une Maitreſſe. Comme la Diſcrétion eſt une des premieres obligations de la Galanterie, le Chevalier ne répondoit point *ad rem*; mais peut-on toujours résister à de beaux yeux & à une belle bouche réunis ensemble ! La Dame étoit aussi aimable qu'on doit l'être quand on a ces sortes de curiosités ; & il étoit peu de chose dans le monde, qu'elle ne fût en droit d'obtenir. Ses appas mettoient dans ses prieres une autorité absoluë. Un jour donc de Sainte Catherine, qui étoit sa Fête, elle reçut

reçut dès le matin de la part du Sieur Tirsis, un petit paquet cacheté d'un Chiffre inconnu ; elle l'ouvre aussitôt, & trouve, quoi ! me direz-vous, ce n'étoit qu'un petit Miroir de poche, avec ces mots écrits au-dessous : *N'osant vous nommer mon Vainqueur, vous y verrez son Portrait.* Ce que voyant la Dame, elle passe dans son Cabinet, refit un paquet du même Miroir, & le renvoya par le même Porteur au Galant, qui fut désesperé

peré en recevant son paquet. Il crut que la Dame le méprisoit ; cependant il l'ouvrit en tremblant : quel fut son ravissement ! quand il vit qu'elle y avoit ajouté au bas ces mots consolans : *Je vous en livre autant.*

Qui perd gagne, Histoire.

FRAGMENT.

L......... L'infortuné M. Usquebak, toujours conduit par son malheureux sort,

sort, après avoir erré long-
tems par toute la Ville de....
se trouva enfin rendu sur
le Pont Royal vers la minuit
& une heure. Là, excedé
de fatigue & d'ennuis, le
cœur gonflé de soupirs, &
les yeux noyés de larmes, il
leur donnoit un libre cours,
assis nonchalamment sur
l'une ou l'autre Banquette,
lorsqu'un évenement im-
prévû & invisible lui fit,
malgré lui, interrompre ses
tristes rêveries, & le tira
d'un sommeil qui commen-
çoit

çoit à l'assaillir. D'abord il lui sembla ouïr quelque mouvement & quelques sons mal articulés qui venoient de loin. La curiosité calma pour un moment son désespoir, & lui fit tourner l'oreille de ce côté-là; soit que le vent favorable alors lui portât la parole, ou autrement, il distingua sans rien voir, des gémissemens qui partoient d'une femme, envers qui on vouloit apparemment user de violence. Il fut bien-tôt plus instruit; car

car quoique la nuit femblât ce jour-là avoir employé exprès toutes les voiles les plus opaques, il difcerna ce dont il s'agiffoit, par ces mots que la fureur dictoit: Non, cruelle! difoit l'autre, il n'eft plus tems de vivre; il faut enfin expier à la fois vos refus, vos rigueurs, & toutes vos cruautés, barbare que vous êtes, & mille autres invectives femblables qu'il vomiffoit à longs flots. Il n'y a que la mort qui puiffe m'ôter un amour fi mal

mal récompensé, & vous jugez bien qui de nous l'a mieux merité. En disant cela, il assit la pauvre Dame sur le bord du Parapet, les jambes passées du côté de la Riviere, & étoit prêt de la précipiter. Dans cette situation affreuse, la malheureuse infortunée qui ne tenoit presque plus à rien, joignoit les mains ; & par les accens les plus pitoyables, conjuroit inutilement l'inhumanité de son Boureau, qui devenoit toujours plus dur

dur qu'un Pharaon. Quoi ! disoit-elle, en se racrochant du mieux qu'elle pouvoit, dans un moment qui est le dernier de ma vie, refuserez-vous de m'entendre ? C'est pour vous avoir trop entendu que je ne vous entens plus. Mais que vous ai-je donc fait, disoit-elle ? Vous vous êtes trop fait aimer, disoit-il. Mais, disoit-elle, a-t'on jamais noyé une femme comme moi ? Encore si je vous avois aimé, si après l'avoir fait, je vous
avois

avois fait des infidelités, des perfidies, à la bonne heure, vous pourriez vous fâcher; mais je vous ai toujours haï. De bonne foi, c'est peut-être un grand malheur pour moi que d'être insensible, j'y perds pour le moins autant que vous; mais qu'y faire ? Il ne m'est pas plus aisé d'avoir pour vous de l'amour, qu'à vous-même de vous défaire de celui que vous avez pris, d'ici à demain je ne vous dirois pas autre chose; ce seroit vous trahir

trahir que de vous rendre heureux; car votre bonheur ne seroit pas véritable.... Et que m'importe, brusquement reprit notre désespéré ? Attrapez-moi toujours de même, une erreur véritable est un bonheur réel.* Mais c'est perdre un moment trop précieux en discours inutiles; vous sçavez que jusqu'ici j'ai mieux aimé mourir que de vous violenter en la moindre chose,

* Il faisoit des Vers par mégarde ; l'indignation fait le Vers.

& que si j'avois voulu user de la loi du plus fort, mon amour à présent en auroit le cœur net. Ingrate ! je voulois ne vous devoir qu'à votre propre goût, & que votre cœur devînt un présent de votre main ; mais va-t'en voir s'ils viennent : enfin je suis trop désesperé pour n'en pas finir. Encore un coup, & pour la derniere fois, il faut opter ; ça, cruelle, le cœur ou la vie. Ni l'un ni l'autre, répondit l'inhumaine assez séchement. Ah !

Ah! c'en est trop, tygresse. Ce fut le propre terme dont il se servit. A ces mots, s'abandonnant à sa rage, qui croissoit d'autant plus, il prend l'Objet de sa fureur à travers le corps; & après l'avoir quelque tems balancée en l'air, comme pour la lancer à l'eau, il la jetta tout au beau milieu du pavé du Pont; & détournant tout à coup contre lui-même son désespoir, il se précipita à corps perdu dans les flots, en s'écriant: Mourons comme j'ai vécu. * A ce changement de scene, & au bruit de sa chûte, la pauvre délaissée fit un grand cri, auquel le Sieur Usquebak accourut aussi-tôt. Dieux! quel fut son étonnement suprême, quand il reconnut que la Dame en question étoit sa femme, qui lui avoit été enlevée la surveille de ses Nôces, & dont il pleuroit depuis six semaines le ravissement & l'infidélité ; car il ne doutoit pas qu'elle

* C'étoit un Marin.

n'eût

n'eût prêté la main à son enlevement. Elle se justifia aisément de ce reproche, ainsi que du reste. Sa résistance, & le désespoir du Ravisseur, joint au petit colloque qu'ils avoient eu ensemble, quadroient parfaitement avec son innocence; l'Amour croit volontiers une Maitresse innocente. Ainsi nos deux Epoux se trouverent réunis par une des plus singulieres avantures dont il ait jamais été fait mention sur le Pont Royal.

Royal. Cette intacte Lucrece rentra dans les bras de M. son Epoux, comme elle en étoit sortie, & retrouva dans lui-même un Amant aussi tendre, mais moins furieux que le défunt. C'est ce qui a fait intituler cette Histoire véritable, de *Qui perd, gagne*, par laquelle les Dames voyent que la fifidélité est toujours bonne à avoir, & qu'un Amour qui n'est pas en regle, tourne mal à son Auteur. On ne doute pas cependant, qu'après

près les explications indispensables entr'eux, leurs premiers soins n'ayent été de faire secourir le malheureux qui s'étoit noyé à leur sujet.

Galanteries nouvelles d'un Marchand Boucher à sa Maitresse.

IL y avoit une fois un honnête Boucher, qui avoit bien plus d'argent que d'esprit, duquel il fit l'usage qui s'ensuit. On l'avoit invité

vité de faire une Galanterie à sa Maitresse ; il rêva donc si long-tems, que le Mardi-Gras arriva ; comme il n'y avoit plus de tems à perdre, il imagina de lui envoyer un Bœuf, dans lequel il y avoit un Cochon, qui renfermoit un Veau, où étoit contenu un Mouton, où l'on avoit mis un Poulet d'Inde, lequel contenoit un Chapon du Mans, garni en dedans d'une Bartavelle, où se trouvoit un Ortolan ; & ainsi toujours en diminuant,

l'un

l'un dans l'autre, jufqu'à une petite Moviette, dans laquelle, pour finir, il avoit écrit un Billet de Déclaration, en ces termes : » Si le
» contenu du préfent Billet
» eft agréable à Mademoi-
» felle, je préfererois la Mo-
» viette à l'Ortolan, Per-
» drix, Chapon, Dindon,
» Mouton, Veau & Cochon,
» & je m'eftimerois plus
» heureux que ce Bœuf
» gras.

Le Poisson d'Avril.

UN Amant, qui par hasard n'avoit pû plaire à celle qu'il aimoit, ne laissa pas de gager contre elle qu'il lui donneroit le meilleur Poisson d'Avril du monde ; elle de son côté ne voulant pas demeurer en arriere, gagea aussi contre lui qu'elle lui en fourniroit un bien plus beau. Ledit Sieur fit donc faire une Caisse en forme de Poisson d'Avril, mais assez grande pour

pour qu'il pût se fourer dedans. Effectivement il s'en fit un étui, & l'on le transporta ainsi chez sa Demoiselle, laquelle en conçut à l'instant de si grands soupçons, qu'elle se douta du contenu. Elle trouva justement sous sa main un autre de ses Amans qui lui plaisoit infiniment, & avec qui elle étoit en pour-parler de Nôces ; c'est pourquoi elle s'assit avec lui sur la Caisse énigmatique ; & là, sans autre façon, y reçut & accepta de lui toutes les Promesses imaginables d'amour & de fidélité, à charge d'autant ; le tout accompagné de railleries & plaisanteries à l'encontre de celui qui faisoit l'ame du prétendu Poisson d'Avril. On demande lequel des deux valoit le mieux.

ON propose par imitation, à l'émulation des Amateurs de Vers, une nouvelle fabrique de Sonnets qui n'ont point encore eu leurs semblables à la Cour

Cour d'Apollon ; Ami Poëte ou Versificateur, qui que tu sois, que si ce nouveau genre vous duit, vous pouvez, chemin faisant, perfectionner cette nouveauté.

Sonnet en Rimes rentrantes.

Oublions un Objet, dont les charmes puissans,
Eurent trop de pouvoir sur mon ame asservie ;
Que la Table, la Chasse & les Jeux innocens
Remplissent tour à tour mes désirs & ma vie.

Que je suis foible encore ? & quels transports je sens ?

Je repren à regret ma liberté ravie.
Venez à mon secours, Dieu du vin,
j'y consens;
Je ne puis boire, hélas! qu'à l'ingrate
Sylvie.

Son image s'obstine à me suivre
en tous lieux,
Même au fond de mon verre,
à mes yeux,
Et je sens à la fois deux yvresses
pour une.

Ne forçons point l'Amour, & laissons
dans un cœur
S'éteindre d'elle-même une flâme
importune,
Qui cherche à se guérir, irrite son mal
heur.

Comme

Comme les choses arrivent.

HISTOIRE.

Mademoiselle Brechet contoit l'autre jour à un Monsieur de qualité de ses amis, qu'elle avoit trouvé chez une de ses Parentes là où elle dînoit, M. Daviliers, qui l'ayant entendu chanter des petits Airs à boire, & qu'elle rendoit à manger, lui avoit dit: En vérité, Mademoiselle, vous devriez bien entrer à l'Opera. Pour qui me pre-
nez-

nez-vous, Monsieur, lui avoit-elle dit, je ne suis point fille à ça, je veux retourner à mon Couvent, dont elle étoit en effet Pensionnaire. A quelques jours de là, elle revint encore dîner dans le même endroit; & M. Daviliers qui s'y trouva pareillement, lui dit quand elle eut chanté, ou plutôt enchanté toute la Compagnée: En verité, Mademoiselle, vous devriez bien entrer à l'Opera. Je l'envoyai paître fort poliment,

ment, mais de façon que je crus qu'il ne m'en parleroit jamais plus. Cependant le même dîné s'étant encore refait de la même façon, M. Daviliers ne me dit-il pas encore la même chose ? Oh Dame, je me fâchai tout de bon, je vous le rembarai qu'il n'y manqua rien; je pleurai, je voulus à toute force retourner à mon Couvent, & j'entrai le lendemain à l'Opera.

Histoire

Histoire véritable d'un Gentishomme qui donna à souper à deux Dames qu'il vouloit épouser.

JAmais on ne se ruine que quand on fait des dépenses extraordinaires, c'est ce qui fait qu'on ne doit pas s'abandonner à la dissipation des Richesses, quand la Fortune nous fait le plaisir de nous donner du bien, comme on le va voir. Un Gentishomme amoureux de deux Dames, nommé

mé Guillaume, les couchoit toutes deux en jouë, en tout bien & en tout honneur. Enfin finale il parvint à leur donner à souper à toutes deux, & lui sont trois. Rien ne faisoit mieux voir sa magnificence que sa Bombance ; car sans doute le Festin n'a pas eu son égal, tant pour les petits Pieds, que pour les autres viandes & la bonne chere qui y étoit répanduë par-tout, sans compter le Vin & les autres Boissons ; les bouteil-
les

les voloient à la ronde, pendant quoi ils faisoient la conversation, où Cupidon & Bacchus n'étoient point épargnés ; il en comptoit à la Brune & à la Blonde pour parvenir tour à tour à en épouser une des deux, car il s'étoit fait informer dans le Quartier qu'elles étoient fort riches & fort belles. Mais les mauvaises intentions sont toujours mal récompensées; car une des Demoiselles ayant beaucoup mangé de plusieurs fieurs ragouts, fit femblant de fortir en s'en allant de la Chambre pour les écouter, ce qui fit qu'il compta des Fleurettes à la Blonde, dont elle fe trouvoit fort prête à l'époufer en l'abfence de l'autre. Elle rentra, après les avoir entendus entre la poire & le fromage, en fureur, où elle prit un couteau, & voulant le poignarder dans fa colere; mais l'autre Demoifelle Brune voyant qu'il y avoit eu auffi des promeffes avec fa Coufine, sine, prenant de son coté une fourchette qu'il y avoit sur la table par hazard, elles sortirent toutes deux en renversant tout ce qui étoit dessus, soit plats, soit chandeliers, & jusqu'au Vin, avec des paroles injurieuses, pour ne le plus voir jamais. C'est pourquoi Damon qui entra sans trouver seulement un verre où l'on pût boire tout entier, entra déplorant le sort de son infortuné Ami, lui représenta qu'il ne faut pas dépenser notre

notre argent fans prendre garde à ce que nous faifons, entraînés par la volupté des paffions, fur-tout quand on court deux Lievres à la fois.

CHANSON

Sur l'Air du Prologue des Indes Galantes : *Point de bruit*, &c.

Quand on eft Gentishomme,
On fçait comme
L'Amour fe gouverne :
Quand on eft Gentishomme,
On fçait comme
Faut s'en agir.
Quand on tient fa Brunette,

On

On va z' à la Guinguette,
On fait venir d'un air aisé
Un Ragoût, du Vin rosé.
Quand on est Gentishomme, &c.

Second Couplet.

En trinquant avec elle,
On lui regarde dans la prunelle;
En trinquant avec elle,
On la prend par le chignon,
En disant c'est que je t'aime.
Elle répond, moi de de même;
Et puis pour la divertir,
On l'embrasse, ça fait plaisir !
En trinquant avec elle, &c.

Bataille

Bataille de Chiens, dont un Mariage est devenu rompu.

JE ne sçai pas d'où vient qu'on considere tant les Chiens après ce qui en vient d'arriver de nos jours à un Repas sur la Paroisse de Bonnes-Nouvelles le propre jour de la Nôce, ainsi qu'il s'ensuit. Comme on y mangeoit beaucoup, & qu'un chacun par mégarde jettoit les os sous la table, deux Chiens les rongeoient, comme on voit souvent que

c'est

c'eſt d'ordinaire la coututume dans les Feſtins, ſi bien que la Chienne ſe diſputant avec Medore, faiſoit un diable à quatre, qu'on avoit bien de la peine à s'entendre, dont on donnoit differens coups de pieds pour les faire taire : ce qui fit que Sultane marcha imprudemment ſur le pied du Marié, qui prenant ça pour un autre, ſentit d'affreuſes jalouſies qui lui entrerent dans le cœur. La Mariée innocente qui n'avoit

voit marché sur personne, & qui n'en sçavoit pas les conséquences, faisoit comme si de rien n'étoit. Pendant tout ce tems-là les yeux du Fiancé tomboient avec fureur sur son Cousin du côté de la Mariée, qui sur ces entrefaites but par malheur à sa santé, qui le lui rendit, ainsi que la civilité le permet, sans qu'il y eût rien là-dessous. A cet outrage le Sieur Dorimene, je veux dire le Marié, que nous nommerons doresnavant de

la

la maniere, se jetta sur sa Prétenduë, lui arrachant sa belle garniture; sur cette vivacité, voilà tous les Garçons de la Nôce & Madame la Belle-Mere, qui retirerent sa parole, dont le Mariage ne se fit plus. Voyez après cela, si vous devez mener vos Chiens en compagnie.

LA QUEUE DE MOUTON,

Chanson,

Avec la maniere qui convient.

IL faut d'abord que la personne, soit Homme ou Demoiselle, qui veut divertir honnêtement la Compagnie en chantant cette Chanson, se retire pour un moment du Repas, sous quelque prétexte honnête, comme d'*aller parler à son Procureur*, ou telle autre civilité.

Etant

Etant seule, il faut qu'elle roule sa serviette de telle sorte, que cela ressemble à une Queuë de Mouton ; & la meilleure maniere est que l'un des deux bouts soit propre à faire beaucoup de bruit, en y enfermant, par exemple, un mouchoir tortillé, ou même une fourchette, ce qui seroit d'un grand agrément.

Quand la Queuë est faite, il faut s'en attacher un bout par derriere, comme qui diroit à la grimace de la culotte,

culotte, & faire passer ensuite la Queuë à côté de votre hanche droite, ou de la gauche, selon votre goût, la tenant à deux mains, & toujours en mouvement, comme la propre Queuë d'un Mouton, pendant que vous chantez, & sur-tout quand la Compagnie repete le refrain ; ce qu'on fait ainsi.

Nous dirons pourtant auparavant, que quand on a un Ami dans la Compagnie, & qu'il vous voit revenir

avec

avec la Queuë de Mouton, comme nous avons dit, il doit avertir, sans faire semblant de rien, un quelqu'un de l'Assemblée, soit en poussant du coude, ou par quelques joyeusetés en paroles, afin d'attirer les yeux des personnes dessus; car cela annonce agréablement la Chanson comme la voilà.

Sur l'Air: *Eh, haut le pied, gué, ma diguedondaine, &c.*

JE suis un Marchand de Mouton,
La bonne emplette, achetez donc:
J'ai tous les plus beaux du Canton,

Voyez

DE LA S. JEAN.

Voyez la Queuë, la belle Queuë.
Ah! quel bon mets, que la Queuë, que la Queuë,
Ah! quel bon mets, que la Queuë de Mouton.

J'ai tous les plus beaux du Canton,
La bonne emplette, &c.
C'est moi qui fournis Maubuisson,
Voyez la Queuë, &c.

C'est moi qui fournis Maubuisson,
La bonne emplette, &c.
Et les Dames de Miramion,
Voyez la Queuë, &c.

Et les Dames de Miramion,
La bonne emplette, &c.
Les Malades quand elles en ont;
Voyez la Queuë, &c.

Les Malades quand elles en ont,
La bonne emplette, &c.
En prennent pour leur guérison :
Voyez la Queuë, la belle Queuë.
Ah ! quel bon mets que la Queuë, que la Queuë,
Ah ! quel bon mets que la Queuë de Mouton.

Fin de la Chanson.

La personne est encore avertie qu'il ne faut pas manquer en finissant la Chanson, de frapper un grand coup sur la table, en disant : C'est pour la Demoiselle la plus friande de la Compagnie,

DE LA S. JEAN. 219

Si c'eſt une Dame qui veut chanter la Chanſon, elle peut faire revenir la Queuë par la poche de ſon tablier. Il y en a qui la font paſſer par deſſus leur épaule, & j'ai remarqué que cela faiſoit encore plus de plaiſir à la Compagnie.

T 2 *Cruauté*

Cruauté inoüie, exercée par M. Chambery envers Javotte de Pantin.

IL est bien dur de voir s'abandonner par les personnes qu'on aime, quand on n'a pas sujet de se plaindre d'eux ; car encore si on leur avoit fait quelque chose : mais au contraire, Javotte de Pantin avoit toujours eu tant d'egards pour cet ingrat, qu'elle ne devoit pas s'y attendre ; qui a menti, mentira ; car si Chambery avoit

avoit dit tout naturellement qu'il étoit Décroteur à la Royale, & qu'il ne se seroit pas fait passer pour être le fils du Dégraisseur qui fait le coin de la ruë par où elle venoit à Paris pour vendre ses Herbes, & autres choses, auroit-elle pensé à ce garçon-là pour faire une fin ? car on sçait bien qu'un Décroteur n'a pas dequoi. Voilà donc qu'un Samedi, comme son terme approchoit, car elle avoit eu de la complaisance pour lui, elle lui dit tout franc, qu'il falloit prendre ses mesures, & s'épouser, comme on s'étoit promis, dont le traître lui dit de le venir trouver le lendemain à sa Boutique, là où elle fut toute courante avec sa sœur Gogo, qui cherchoit aussi-bien à s'établir, & demanda l'adresse du Dégraisseur, qu'on leur montra, & demanderent après M. Chambery le fils, dont on se prit à rire, disant que n'y avoit pas de ce nom au logis. Quel coup fatal

fatal ce lui fut! Elle cria au meurtre, dont les voisins s'assemblent, & ne sçachant rien de rien, trouverent l'action si noire, qu'ils auroient mis en pieces le malheureux Décroteur, qui décrote comme si de rien n'étoit au coin du Pont au Change. Ne faut-il pas convenir après cela que la mauvaise foi des Messieurs est presque toujours ce qui périt les Demoiselles.

Ode amoureuse & lyrique d'un Gentilhomme à sa Maîtresse, traduit du Grec.

Sur l'Air : C'est Mademoiselle Manon qui a bien sçu me plaire, &c.

Il faut observer que pour aller sur l'Air, on ne prononce quelquefois plusieurs syllabes que comme une, & ces syllabes sont en lettres d'Italie.

C'Est dans une *ruë de Paris* que j'ai fait *une* Maitresse,
Mais ma'heureusement c'est *que je n'y* suis pas heureux.
Je lui *parle* quand *je veux*;
Je l'entretiens de tous mes feux :
Elle *ne* me répond pas avec délicatesse.
Je

Je la vois tous les soirs,
Et si *cependant*, *je n'ai* point d'espoirs
Qu'elle soit *quéques-uns* de ces jours,
Sensible à mon amour.

Est-ce que *je serois* destiné à aimer *une* cruelle,
Qui me dit pour jamais *qu'elle* veut *me faire* enrager ?
J'ai beau m'en fâcher,
Elle ne fait rien pour me soulager,
Et *cependant je lui* promets une flâme éternelle ;
Parce qu'elle *a de* beaux yeux,
Qui sont fols, brillans & joyeux,
Et d'ailleurs aussi bleux
Que l'on peut voir les Cieux.

Un beau jour de Juillet que *je la* trouvai toute seule,

Est-ce que *je n'*osai pas lui déclarer mon tourment ?
Je lui dis tout nettement,
Que *je voul*ois *bien être* son Amant.
Elle ne me répondit rien, ni ne fit la bégueule.
Je crus pour certain,
Qu'elle me répondroit dès le lendemain :
Ce fut en vain, puisque *son* cœur
Me tient encor rigueur.

Enfin, *elle me r*épondit avec un air modeste,
Que *j'a*vois un fort grand tort de vouloir tant l'aimer ;
Qu'elle se connoît bien, *qu'elle* n'est pas faite pour charmer.
Avec ces beaux propos, *elle crut me* donner mon reste ;
Qu'elle a des mépris,

Parce

Parce que *si* son cœur étoit épris,
Elle voudroit m'aimer tant,
Que *cela feroit* son tourment.

Voyez la *belle* raison qu'à ma flâme elle oppose !
Elle me laisse quelquefois, pourtant baiser ses mains.
Ne vous étonnez pas si *cela* me fait du chagrin,
C'est *que je* voudrois bien moi, *qu'elle* me donnât autre chose.
  Mais helas ! *elle me* répond,
  Et cela d'un air *qui me* confond,
  Que je n'aurai jamais
  Aucun de ses attraits.

Elle dit *que ce n'est* qu'à ses yeux qu'elle doit ma tendresse ;
Mais quand bien *même cela* seroit, doit-elle m'en aimer moins ?

       Malgré

Malgré ses rigueurs, tous les jours je lui rends des soins,
Et *je lui* tiens des discours tout comme pour *une* Princesse.
C'est que si je ne l'ai pas,
Me *voilà* dans un grand embarras;
Parce que c'est celle d'Argos *
Qui trouble mon repos.

Quoiqu'*elle* ne rende pas justice à ma constance,
Je ne veux pas la quitter pour m'enflâmer ailleurs.
Peut-être qu'un jour *je pour*rai bien vaincre sa rigueur;
(Car il est des momens contre l'indifference.)
Si *je lui* plaît jamais,
Je me pay*erai* bien de tous *mes re*grets,
Étant très-sûr qu'elle a
Tout ce qu'il faut pour cela.

* *Paris.*

D'au-

D'Aucuns de nos Amis envieux, prétendent en parlant au monde, que nous n'avons jamais connu ce que c'est que les régularités des Vers. Pour les convaincre de la preuve du contraire, nous glisserons dans ce corps de Pieces furtives, une déclaration de Poësie en amour, d'un Anonyme nommé M. de Genticour, qui écrit avec réflexion tout ce qui lui vient au bas de la plume.

*Pour Mlle de Romeray,
aimable Demoiselle.*

D'Un mouvement soudain, comme il fut légitime,
  Votre Objet, mon vainqueur
Paſſa dedans mes yeux, entra dans mon eſtime,
  Et tomba dans mon cœur.

♣

Ce ne ſont point vos lys, ce ne ſont point vos roſes
  Qui m'ont le plus tenté ;
Je découvre plus loin, & vous avez des choſes
  Par delà la beauté.

♣

Votre aimable beauté contribuë à ma flâme,
  Qui cauſe mon tranſport ;
Or c'eſt plus qu'en partie à cauſe de votre ame,
  Que j'aime votre corps.

♣

La Parole fait le Jeu.

HISTOIRE.

MOnsieur Bonnau, dont nous tairons le nom, dans ce cas-là, avoit une fille qu'il se plaisoit à élever dans les belles manieres. Elle étoit belle comme un charme, & civile à faire plaisir à tous ceux qui alloient la voir ; mais tout cela, sans la vertu, ne sert pas d'un clou à sifflet. Il arriva donc que comme

il

il ne vouloit pas qu'on hantât des hommes, d'autant qu'il sçavoit ce qu'en vaut l'aune, rapport que la plûpart du tems les filles ne tombent dans le défordre de leur mauvaife conduite, que parce qu'on leur en donne l'inftigation. C'eft pourquoi il fut obligé de faire un voyage où il ne pouvoit pas la mener ; ce qui fit que parmi la plus grande partie du peu d'honnêtes gens qu'il foupçonnoit d'avoir une bonne éducation,

il

il choisit un jeune Seigneur de condition, d'autant qu'il y a bien de la difference entre les gens d'une certaine façon, & il lui laissa Mademoiselle Javotte. Comme ils demeuroient eusemble, & même se voyoient tous les jours, ce qui étoit fort aisé & facile, ils devinrent amoureux, dont ils ne se seroient douté de rien, si Mademoiselle Javotte ne s'en étoit pas apperçuë. Elle le dit à son Amant, qui en convint de bonne foi; mais

V   cela

cela ne les avança de rien, ce qui est toujours bien cruel dans le cas de ces sortes d'occasions. M. Bonnau en revenant, trouva sa fille comme il l'avoit laissée, ce qui ne lui fit pas de peine ; car il craignoit que l'Amant de sa fille auroit voulu devenir son Gendre, c'est-à-dire, s'amuser à la bagatelle ; mais il ne fut ni fou, ni étourdi, & lui déclara, sans en faire à deux fois, qu'il ne vouloit plus garder sa fille, d'autant que cela

se

se garde, pour la plûpart, comme le Chat fait la Souris, ce qui fit que M Bonnau le remercia de sa civilité. Mais dès le lendemain, comme le jeune Amant n'avoit plus d'honneur à garder, dont il fût chargé par la politesse du pere, il vint tout doucement en catimini, & se cacha dans la ruelle, de maniere que tout le Quartier en a tenu hautement de certains discours à l'oreille, sous prétexte que la fille en étoit devenuë enceinte,

ceinte, & voilà ce qui fait la probité.

Cette Histoire galante nous a été envoyée pour inserer dans notre Livre ; mais quoiqu'on y remarque bien du mérite, nous ne l'avons pas jugée digne de l'impression ; c'est pourquoi nous la mettons ici, afin que le Public voye que nous ne cherchons qu'à avoir l'honneur de son approbation.

Décla-

Déclaration Musulmane.

L'Amour est du Pays de tout le monde, jusqu'en Turquie, à la difference de la façon, ce qui, dans le fond, revient au même ; témoin le Turc ci-après, que l'on apellera, je crois, Musulman. Il étoit tombé furtivement amoureux de trois honnêtes & belles filles de son Quartier, qui logeoient ensemble, & à qui cependant il n'avoit pas encore osé le faire sçavoir.

voir. Or pour y parvenir, il se proposa de leur donner la Foire qui se tenoit pour lors à Constantinople ; il y fut, & acheta trois beaux & bons Fichus brodés comme des Anges en soye, qu'il mit bien proprement dans une jolie boëte, sur laquelle il avoit fait peindre en France trois cœurs au naturel, qu'un Amour poursuivoit, avec cette devise ingénieuse autour en lettres dorées au-dessus: *Autant de Fichus.* Le tout fut porté dès le matin

matin par un Eunuque au logis de ces Belles, qui déjeûnoient enſemble, dont les trois Demoiſelles toutes réjoüies, ayant découvert le pot-au-roſe, ſe douterent bien de l'énigme, & le tinrent dès-lors pour leur Amant. Vous autres, qui aimez, ſans oſer ſonner mot, donnez, c'eſt la groſſe cloche en Amour.

ELOGE.

ELOGE.

Par la mort, Messieurs, à laquelle nous sommes tous sujets, sans qu'aucun Mortel en soit dispensé, nous perdons le souvenir des pensées dont cette vie est remplie ; l'exemple des autres nous l'apprend. L'illustre M. G. que nous venons de perdre, digne objet de nos regrets, ne les entend pas, & même les ignore ; il nous en laisse goûter l'amertume, & n'en recueille

que

que les fruits. L'heritage qu'il nous a laissé de plusieurs beaux Ouvrages, enrichit la postérité ; & un si beau modele d'émulation, en formant sur lui des Sujets qui l'imiteront, fera naître notre consolation de la cause même de notre douleur. Permettez, Messieurs, que je ne m'explique pas, & que pour me conformer à la modestie du Mort, & à la volonté des Vivans, je ne nomme pas par leur nom les Ouvrages de M. G. répandus

pandus dans cette Edition nouvelle; chargé seulement du soin de son Eloge, j'ai crû devoir en user comme je fais; & me borner à ce qui peut donner aux Lecteurs de ce Livre une idée juste d'un de ceux qui y ont travaillé.

M. G. étoit un gros homme, & la nature en cela s'étoit jöué, comme elle fait souvent; car il n'avoit été que deux mois en nourrice, à cause qu'il avoit apporté toutes ses dents en naissant:

cepen-

cependant il n'a jamais été
sur sa bouche, & ce n'est pas
de cela qu'il est mort, mais
bien d'avoir passé les nuits
à travailler. Il avoit été Ma-
gister dans sa Ville à l'âge
de dix-sept ans, ensuite Be-
deau de la Cathedrale, &
puis Tabellion, & puis beaucoup d'autres emplois, dont
il s'est toujours acquitté à
la satisfaction d'un chacun.
Ses Œuvres prouvent com-
bien il étoit agréable en
compagnie, faisant toujours
rire, sans pincer; aussi ses

meil-

meilleurs amis n'étoient jamais fâchés d'être avec lui; & cependant il leur faisoit, quand il vouloit, accroire que des vessies étoient des lanternes; mais ça leur faisoit plaisir. Ce n'est pas qu'il n'y eût bien quelque chose à dire sur son compte à l'occasion d'un évenement qui arriva dans une rencontre où il ne se conduisit pas de la belle maniere ; mais il ne faut jamais dire de mal des gens dont on veut dire du bien, quoique cela se

pra-

pratique de la sorte aujour-
d'hui. Ainsi je n'irai pas plus
loin, & ne dirai rien non
plus des Livres qu'il a écrits,
& qui ne lui ont pas fait
honneur. Le silence est l'enfant de la douleur, & le
pere du secret, renfermons-
nous dans les bornes qui
nous sont prescrites par l'un
& par l'autre.

LE MARIAGE en détrempe,

Nouvelle véritable & historique.

UN jeune Gentilhomme, comme qui diroit M. Erafte, d'honnête famille, quoiqu'il méritât bien qu'on lui en fît la honte, mais on espere que pas moins il s'y reconnoîtra, ne manquoit pas, pour se divertir, drès que les Foires de S. Germain & de S. Laurent étoient arrivées,

que

que d'y aller tous les jours. C'eſt ce qui faiſoit qu'il ne déſemparoit pas du Préau ; après quoi il étoit très-aſſidu d'entrer à la Comédie des Perſonnes naturelles, & toujours aux places à ſix ſols, dont il n'y avoit petit, ni grand dans le Jeu qui ne remarquât ſa magnificence, ſur-tout M. Leandre, le premier Acteur, qui ayant beauconp de manieres fort nobles, d'autant que ſon bon eſprit l'avoit fait par deſſus tous les autres, compere

pere de Polichinelle. M. Eraste même pendant le Jeu, s'ingeroit de la conversation avec Polichinelle, & lui faisoit dire bien des gaudrioles, pourquoi les spectateurs de bon goût, qui les trouvoient fort récréatives & instructives, & qui s'y divertissoient à bouche que veux-tu, admirant l'esprit de M. Eraste, le préféroient à toutes les autres Marionnettes, dont il s'en falloit bien qu'on ne s'y divertît autant; de quoi M. Leandre

Leandre eut la perſuaſion que c'étoit une perſonne de qualité; mais il n'en fut bien convaincu, que quand en l'eſpionnant un jour en catimini le ſoir, il le vit ſortir de la Foire pleuvant à verſe, qui prit un Fiacre pour ſe remener chez lui. Auſſi le lendemain dans un Cabaret à bierre avec des Demoiſelles & Meſſieurs de ſa Troupe qu'il ſe rafraîchiſſoit, le voyant paſſer, il ne ſe put tenir qu'il ne courût à lui, pour lui demanmander, comme son meilleur ami, des nouvelles de sa santé, & qu'il avoit été bien mouillé hier au soir. A quoi M. Eraste, dont on verra peu après les desseins, fit semblant de ne le pas remettre autrement, & lui demanda, comme surpris, ce que c'étoit, qu'il lui faisoit une question de dmême, dont il ne lui avoit jamais encore parlé, n'ayant pas, ce lui disoit-il, l'honneur de le connoître. Le Sieur Leandre, quoiqu'un peu éton-

étonné de ce qu'il ne le remettoit pas, ne se défera point tellement, qu'il ne lui dît son nom, & la raison pourquoi il lui demandoit de sa santé, dont l'autre admira l'esprit de sa réponse, & lui dit que pour cela, il vouloit boire avec lui, & le suivit dans le Cabaret à bierre, où entr'autres, étoit Mademoiselle Gogo, sœur du Sieur Leandre, qui parut étonner M. Eraste, comme s'il ne s'en fût pas apperçu, ce qui n'étoit pourtant

tant qu'une frime. Cette Demoiselle, qui d'un côté étoit jolie, de l'autre représentoit à ravir les Isabelles; & pour sa vertu, on peut bien dire qu'elle étoit sans reproche, d'autant qu'il y avoit bien quatre ans qu'elle couroit les Villes & les Provinces; mais pour le reste, fort peu de ça. On peut juger si M. Eraste fut bien reçu de la compagnie, étant un homme de distinction, qui commença par boire à la santé d'abord de tout

le

le monde, sans rien affecter, de quoi le Sieur Leandre en fut fort aise, & le remercia. Lui qui étoit en cachette amoureux à perdre les pieds, de Mademoiselle sa sœur, & qui sçavoit combien l'autre étoit jaloux envers sa réputation, ne la regardoit que du coin de l'œil, de peur de pis ; ce qui fit que quand il alla pour compter, il trouva que c'étoit fait, tant à l'égard de la bierre, ratafia, &c. dont il ne lui dit autre chose, fe, sinon qu'il vouloit avoir sa revanche, ce soir même aux Porcherons; de sorte qu'après la Comédie, ils allerent tous trois en se promenant du côté de la Barriere blanche, & M. Eraste donna le bras à Mlle Gogo, d'autant qu'elle avoit de l'estime pour les gens de mérite, & en étoit bien aise. Le Sieur Eraste demanda d'abord une salade, une fricassée de Pigeons, avec une bonne tranche de Bœuf à la mode, & du vin à douze, sans compter

ter les cerneaux, cervelas, & autres desserts, de telle maniere qu'il en coûta au Sieur Eraste plus de sept, ou même huit francs ; mais il étoit dans des circonstances & dépendances à ne pas prendre garde à ça. Pendant la collation, il avoit (car l'Amour a de l'invention) trouvé moyen de persuader à Mademoiselle Gogo que ce n'étoit que pour elle tout ce qu'il en faisoit; & sans qu'il en vît rien, saisit l'occasion de boire dans son

son verre, de quoi touchée, comme ça se doit, elle lui avoit marché sur les pieds, dont il ne douta pas qu'il lui tenoit au cœur; ce qui lui fut d'une grande satisfaction, par la raison que nous avons dite, & qui lui fit passer gayement la collation, parce que M. Leandre, qui étoit naturellement jovial & cocace, n'en avoit rien vû. Quand fallut s'en aller, il pria l'Amoureux de ramener Mamesèlle sa sœur, parce qu'il avoit affaire pour

cette

cette nuit fur le Rempart ; à quoi, faut croire, il ne rechigna pas, dont le voilà feul avec elle, la tenant par deſſous les bras, lui témoignant du reſte, comme c'étoit pour elle, de ce qu'il ne bougeoit de ſon Jeu, & que ſans ça il ne s'en foucieroit pas autrement. A quoi ſur le champ : Eh bien, ce dit-elle, faudra voir. Tant y a qu'ils arriverent à ſa chambre dans le Fauxbourg S. Denis au Plat d'étain. Mademoiſelle Gogo

Y bien

bien irrésoluë de ce qu'elle avoit à faire dans le cas, le laissa monter, parce qu'il étoit de loin, comme on fait aux personnes de connoissance, où incontinent il lui parla de mariage, & qu'il n'en auroit jamais d'autres ; ce qu'il écrivit, signé Eraste. Pourquoi elle se crut épousée jusqu'au lendemain matin, qu'elle ne le revit plus, ni à la Foire, ni ailleurs. Ce qui doit bien apprendre aux filles ce que c'est que la perfidie des hom-

hommes, en tant que ces mariages-là dont est rare qu'il y en ait toujours un de bon.

NOus ne sçaurions mieux conclure notre Recueil, qu'en finissant par quelques mots de Préface sur les Critiques. Il y a des gens qui nous méprisent, parce qu'ils ont le bonheur de parler tout de suite comme nous écrivons avec bien de la peine ; mais il y en a d'aucuns qui cherchent des défauts dans nos pensées de discours, & cela nous a paru d'une jalousie trop envieuse, rapport que si nous cherchions à le vouloir, nous ferions de belles & bonnes critiques des Ouvrages ou d'Œuvres des plus fameux Poëtes de Vers ; & comme quand on parle du Loup on en voit la queuë, voici par hazard une critique d'un de nos Messieurs, que nous mettons ici exprès, sur la Comédie d'Andromaque.

PYR-

PYRRUS.

ME cherchiez-vous, Madame ?
Un espoir si charmant me seroit-il permis ?

Beau début ! est-ce qu'une Dame de qualité comme Andromaque fera les avances ? Mais voici qui est bien plus incivile encore : *Chiez-vous, Madame ?* Terme mal propre, & question qui ne se fait pas.

Je passois jusqu'aux lieux où l'on garde mon fils.

Aux lieux est du même goût. *Aux lieux où l'on garde mon fils* ; voilà un bel endroit pour élever un enfant.

Puisqu'une fois le jour vous souffrez que
 je voye
Le seul bien qui me reste & d'Hector
 & de Troye,
J'allois, &c.

Tracasserie de ménage dont on n'a que faire.

Ah! Madame, les Grecs, si j'en crois
 leurs allarmes,
Vous doneront bien-tôt d'autres sujets
 de larmes.

Il y auroit bien des choses à dire là-dessus.

Et quelle est cette peur dont leur cœur
 est frappé ?

Peur, terme qui ne convient qu'à un enfant qui a peur des Revenans, & non pas à un Peuple.

Quelque Tyran vous est-il échapé ?

Ne diroit-on pas que Pyrrus est un Geolier ?

Un malheureux enfant qui ne sçait pas encor
Que Pyrrus est son maître, & qu'il est fils d'Hector.

Un enfant qui est encore trop jeune pour avoir lû l'Iliade, peut bien ignorer que Pyrrus est son maître, & qu'il est fils d'Hector ; & qui est-ce qui sçait qui est son pere ? Sans parler de l'équivoque de sy d'Hector, cette expression choque une oreille un peu délicate.

Tel qu'il est tous les Grecs demandent qu'il périsse,
Le fils d'Agamemnon vient hâter son supplice.

Tel qu'il est, terme de mépris. *Le fils d'Agamemnon.* Il seroit plus poli de l'appeller par son nom, qui est Oreste. Le fils d'un tel n'est point du tout le ton de gens qui sçavent vivre.

Mais c'en est assez pour l'occasion ; nous voulions tant seulement faire voir que nous sentons le mérite d'une Piece ; nous ne voulons point décourager l'Auteur, & nous serons bien aises qu'il nous en donne encore.

FIN.

www.ingramcontent.com/pod-product-compliance
Lightning Source LLC
Chambersburg PA
CBHW050656170426
43200CB00008B/1314